ELISABETH DESAI

# Indisches

## — KOCHBUCH —

Alle Ratschläge in diesem Buch wurden vom Autor und vom Verlag sorgfältig erwogen und geprüft. Eine Garantie kann dennoch nicht übernommen werden. Eine Haftung des Autors beziehungsweise des Verlags für jegliche Personen-, Sach- und Vermögensschäden ist daher ausgeschlossen.


Email: info@edition-lunerion.de
www.edition-lunerion.de



Psiana eCom UG
Berumer Str. 44
26844 Jemgum

# Vorwort

Ein Essen im indischen Restaurant gehört hierzulande zu den kulinarischen Top-Favoriten: Kein Wunder, glänzt indische Küche doch mit einzigartiger Würzkunst, grenzenloser Vielfalt und nahrhaften Schlemmereien für jeden Geschmack. Doch statt teurem Restaurantbesuch können Sie sich den Aromenzauber Indiens auch ganz einfach in die eigene Küche holen – und wie das klappt, zeigt Ihnen dieses Kochbuch!

Gobi Paratha, Vindaloo oder Samudree Karee: Schon bei den klangvollen Speisenamen läuft echten Genießern das Wasser im Munde zusammen und die anschließende Geschmacksexplosion enttäuscht die Erwartungen nicht. Indisches Essen ist dank einzigartiger Gewürzkombinationen, jahrhundertealter Traditionen, kulinarischem Reichtum unterschiedlicher Regionen sowie frischen, gesunden und schmackhaften Zutaten zum weltweiten Exportschlager geworden – und mit dieser Rezeptsammlung genießen Sie die ganze Fülle auch am heimischen Tisch. Ob würzig-deftig, geschmackvoll-erfrischend, geheimnisvoll-exotisch oder sündig-süß, hier entdecken Sie die ganze Palette an Leckereien und finden von Vorspeisen und Beilagen über Hauptgerichte bis hin zu Desserts, Drinks & Dips Köstlichkeiten für jede Situation. Fleischfans kommen genauso auf ihre Kosten wie Fischfreunde und dank religiöser Traditionen schöpfen hier auch Veggies aus dem Vollen und schlemmen sich durch eine reiche Auswahl an vegetarisch-veganen Spezialitäten.

*Guten Appetit!*

# INHALT

# Einkaufsliste

Wer sich in der indischen Küche ausprobieren möchte, mag zunächst davon ausgehen, dass die Zutaten dafür schwer zu finden sein werden. Doch das muss nicht unbedingt der Fall sein. Für den Großteil der Rezepte werden Sie beispielsweise einige Gewürzmischungen benötigen. Diese können Sie in einem indischen Supermarkt kaufen oder sie selbst zubereiten (siehe Kapitel Gewürzmischungen). Für diese Mischungen und die weiteren Rezepte werden Sie unter anderem folgende Zutaten benötigen:

- **Knoblauch oder Knoblauchpulver:** Knoblauch ist in Indien ein essenzielles Mittel, um Würze in ein Gericht zu bringen. Ob Sie frischen Knoblauch oder Knoblauchgranulat verwenden, bleibt Ihnen überlassen. Beide Varianten finden Sie in jedem Discounter.
- **Ingwer:** Über Ingwer werden Sie Schärfe in Ihre indischen Rezepte bringen.
- Chilischoten oder Chilipulver: Ähnlich wie beim Knoblauch können Sie hier selbst entscheiden, welche Variante Sie wählen. Chili ist aus der indischen Küche jedoch nicht wegzudenken.
- **Bockshornklee:** Dieses Gewürz wird in Europa relativ selten verwendet. Dennoch sollten Sie es in einem gut sortierten Supermarkt finden. Falls nicht, lohnt sich der Blick in die Apotheke oder in ein indisches Geschäft. Das Gewürz steht in der Regel gehobelt, ganz oder gemahlen zur Verfügung.

- **Kreuzkümmel:** Schnell werden Sie merken, dass der Kreuzkümmel eines der wichtigsten Gewürze Indiens ist. Auch dieses Gewürz sollten Sie in beinahe jedem Supermarktregal finden.
- **Senfkörner:** Um die Vielseitigkeit der indischen Küche selbst testen und variieren zu können, werden Sie Senfkörner in verschiedenen Farben benötigen (Gelb, Schwarz, bunt).
- **Kardamomkapseln und Kardamompulver:** Die Kapseln werden auch Samen oder Saat genannt und werden in zahlreichen indischen Gerichten verwendet. Sie erhalten sie getrocknet oder eingelegt. Vor der Zubereitung werden sie in der Regel zerdrückt oder püriert. Für einige Rezepte benötigen Sie jedoch Kardamompulver.

Falls Sie die Gewürzmischungen für die Rezepte nicht selbst zubereiten möchten, werden Sie folgende Mischungen benötigen:

- **Garam Masala** (eine scharfe Gewürzmischung)
- **Sambar** (eine Linsen-Würzmischung)
- **Nasi Dagang** (Currygewürzmischung)
- **Chat Masala** (eine fruchtig-pikante Gewürzmischung)
- **Masala Chai** (eine starke Gewürzmischung mit Schwarztee)
- **Vadouvan** (eine fermentierte Gewürzmischung für alle Wok-Rezepte)
- **Panch Phoron** (die klassische 5-Gewürze-Mischung, die man in ganz Asien verwendet)

Außerdem werden Sie benötigen:

- **Nudeln Ihrer Wahl**
- **Jasminreis**
- **Basmatireis**
- **Handelsüblichen Langkornreis**
- **Kartoffeln**
- **Mungobohnen** (getrocknete Hülsenfrüchte)
- **Ajwain** (Gewürzmischung mit Königskümmel)
- **Ghee** (indisches Butterschmalz)
- **Asant** (ein Gewürz aus Asafoetida)
- **Harissa** (eine kräftig pikante Paprikasoße)
- **Tamari** (Sojasoße)
- **Tandooripaste** (scharfe Currypaste)
- **Macis und Muskatnüsse:** Der Mantel (die Schale) der Muskatnüsse wird in Indien Macis genannt. Diese werden Sie für einige Rezepte benötigen.
- **Kokosmilch**
- **Kokosöl**
- **Koriander**
- **Öl** (Olivenöl, Pflanzenöl)

# Frühstück

GOBI PARATHA |

# MIT BLUMENKOHL GEFÜLLTES FLADENBROT

6 Port.

45 Min.

Mittel

**Zutaten**

**Für den Teig:**
500 g Dinkelmehl Typ 630
250 ml Wasser
½ TL Salz

**Für die Füllung:**
1 kleiner Blumenkohl
1 Zwiebel
20 g Minzblätter, fein gehackt
10 g Koriander, fein gehackt

**Für die Gewürzmischung:**
1 TL Kurkuma
1 TL Chilipulver
1 TL Garam Masala (scharfe Gewürzmischung)
2 TL Korianderpulver
3 EL Granatapfelsirup
½ TL Salz
2 Chilischoten, fein gehackt

**Außerdem:**
50 g Butter zum Anbraten
Öl

**Nährwerte p. P.**
*315 kcal*
*60 g Kohlenhydrate*
*2 g Fett*
*10 g Eiweiß*

1 Kneten Sie aus den Zutaten für den Teig einen festen Teig. Er sollte nicht mehr kleben.

2 Bestreichen Sie ihn mit etwas Öl und lassen Sie ihn 1 Stunde lang ruhen.

3 Waschen Sie den Blumenkohl und reiben Sie ihn klein.

4 Vermengen Sie den geriebenen Blumenkohl mit der fein gewürfelten Zwiebel, Minzblättern, Koriander und der gesamten Gewürzmischung.

5 Formen Sie aus dem vorbereiteten Teig runde dünne Brote.

6 Befüllen Sie diese mit etwa 2 EL der Blumenkohlmasse und schließen Sie den Teigling.

7 Rollen Sie die befüllten Brote jetzt vorsichtig mit einem Nudelholz dünn aus.

8 Erhitzen Sie das Öl in einer Pfanne.

9 Braten Sie die Brote darin für etwa 30 bis 60 Sekunden an.

10 Bestreichen Sie die fertigen, noch heißen Brote mit der Butter.

**Tipp:** Dieses deftige Frühstück wird traditionell in Nordindien serviert. Das Gericht wird in der Regel warm verzehrt.

ALOO PARATHA |

# KARTOFFELFLADENBROT

8 Port. 45 Min. Mittel

**Zutaten**

**Für den Teig:**
240 g Vollkornmehl
¼ TL Salz
1 EL Öl
2 EL Wasser

**Für die Füllung:**
350 g Kartoffeln
1 grüne Chilischote
¾ TL Ingwerpulver
2 EL Korianderblätter, fein gehackt
½ TL Salz
½ TL Garam Masala (scharfe Gewürzmischung)
½ TL Chilipulver
½ TL Chaat Masala (indische Gewürzmischung)
¼ TL Ajwain (Königskümmelgewürz)

**Außerdem:**
4 EL Butter
Öl zum Anbraten

## Nährwerte p. P.

*680 kcal*
*69 g Kohlenhydrate*
*8 g Fett*
*10 g Eiweiß*

1 Kochen Sie die Kartoffeln in ausreichend gesalzenem Wasser weich.

2 Bereiten Sie in der Zwischenzeit den Teig vor. Vermengen Sie alle dafür vorgesehenen Zutaten in einer großen Schüssel und lassen Sie den Teig 10 Minuten lang ruhen.

3 Schälen und zerdrücken Sie die Kartoffeln mit einer Gabel.

4 Heben Sie alle Gewürze unter die Kartoffelmasse und schmecken Sie sie kräftig ab.

5 Formen Sie aus dem Teig 8 runde dünne Brote.

6 Befüllen Sie diese mit 1 bis 2 EL der Kartoffelfüllung.

7 Schließen Sie den Teigling und kneten Sie ihn mit den Händen flach oder nutzen Sie dafür ein Nudelholz.

8 Erhitzen Sie etwas Öl in einer großen Pfanne.

9 Braten Sie die Brote darin nacheinander an.

10 Bestreichen Sie die warmen Brote vor dem Servieren mit Butter.

**Tipp:** Auch die mit Kartoffeln gefüllten Brote werden in Indien zum Frühstück warm serviert. Dazu passen verschiedene Arten von Dips.

DHOKLA |

# GEDÄMPFTER GRIEßKUCHEN

6 Port. 20 Min. Leicht

**Zutaten**

180 g Mehl
1 EL Grieß
1 EL Zucker
10 g Ingwer, fein gerieben
1 TL Chilipulver
1 TL Kurkuma, gerieben
1 EL Öl
1 TL Backpulver
1 ½ TL Zitronensaft
200 ml Wasser

**Außerdem:**
Öl zum Einfetten
Gezuckertes Wasser zum Dämpfen

**Nährwerte p. P.**

*161 kcal*
*18 g Kohlenhydrate*
*9 g Fett*
*11 g Eiweiß*

1 Rühren Sie aus Mehl, Grieß, Zucker und Wasser einen Teig an.

2 Geben Sie alle übrigen Zutaten hinzu und kneten Sie den Teig so lange, bis alle Klumpen aufgelöst sind. Der Teig sollte flüssig sein.

3 Erhitzen Sie den Dampfgarer und geben Sie eine passend hohe Form darauf.

4 Befüllen Sie die Form mit dem Teig und dämpfen Sie den Kuchen darin für mindestens 20 Minuten auf höchster Stufe.

5 Der Kuchen sollte nach dem Garen eine weiche, besonders fluffige Konsistenz haben. Er sollte also nicht zu lange gegart werden.

6 Schneiden Sie den Kuchen in 6 bis 8 gleich große Stücke.

**Tipp:** Dieses süße Frühstück kann sowohl warm als auch kalt serviert werden. In Indien kommt er als Frühstück in der Regel nicht allein auf den Tisch, sondern in Begleitung von verschiedenen Broten, Dips und Früchten.

POHA |

# GEWÜRZTE REISFLOCKEN

2 Port. 25 Min. Leicht

**Zutaten**

200 g Poha (Reisflocken)
500 ml Wasser
1 Tomate
10 g Ingwer
½ TL Kurkuma, gerieben
½ TL Chilipulver
1 TL Salz
2 EL Kokosöl
1 TL Senfkörner
3 Kardamomkapseln
½ TL Asant (Gewürzmischung aus Asafoetida)
1 TL Zitronensaft
1 TL Rohrzucker

1 Vermengen Sie die Reisflocken mit dem Wasser und kneten Sie sie darin 5 Minuten lang kräftig ein.

2 Gießen Sie das übrige Wasser über ein Sieb ab und lassen Sie die Reisflocken 10 Minuten lang quellen.

3 Waschen Sie die Tomate und schneiden Sie sie in kleine Würfel.

4 Würfeln Sie auch den Ingwer in feine Stücke.

5 Kneten Sie Tomaten, Ingwer und die übrigen Zutaten unter die Reisflocken.

6 Rösten Sie die Mischung in einem Topf ohne Zugabe von Fett für 2 bis 3 Minuten an.

7 Servieren Sie die Poha warm.

**Nährwerte p. P.**

*89 kcal*
*18 g Kohlenhydrate*
*1 g Fett*
*2 g Eiweiß*

**Tipp:** Je nach Geschmack kann der Zitronensaft durch Limettensaft ersetzt werden.

MASALA DOSA |

# KNUSPRIGE CRÊPES

6 Port. 60 Min. Leicht

**Zutaten**

400 g Jasminreis
200 g Urad Dal (Urdbohnen)
4 EL Chana Dal (indische Kichererbsenmischung)
½ TL Bockshornkleesamen (ganz, nicht geschrotet oder gemahlen)
3 TL Meersalz

**Nährwerte p. P.**

*240 kcal*
*9 g Kohlenhydrate*
*23 g Fett*
*15 g Eiweiß*

1 Waschen Sie den Reis gründlich ab und lassen Sie ihn anschließend für mindestens 4 Stunden in frischem Wasser einweichen.

2 Weichen Sie in der Zwischenzeit auch Urad und Chana Dal für 4 Stunden ein.

3 Gießen Sie den Reis ab und fangen Sie das Wasser dabei auf.

4 Pürieren Sie den Reis mit 140 ml Reiswasser in einem Standmixer.

5 Pürieren Sie Urad und Chana Dal, Bockshornkleesamen und Meersalz mit 280 ml des Reiswassers.

6 Vermengen Sie die beiden Mischungen gut miteinander.

7 Decken Sie sie mit einem Küchenhandtuch ab und fermentieren Sie sie für 8 bis 12 Stunden bei ca. 30 Grad.

8 Erhitzen Sie eine große Pfanne und braten Sie den Teig darin ohne Zugabe von Fett nach und nach zu Crêpes.

**Tipp:** Die Crêpes können mit einer Kartoffelmischung, Gemüsemischung oder einer süßen Beilage serviert werden.

IDLI |

# REISKUCHEN

8 Port.

30 Min.

Leicht

**Zutaten**

100 g Urad Dal (Urdbohnen)
100 g gemahlener Reis
1 TL Salz

**Nährwerte p. P.**

*140 kcal*
*8 g Kohlenhydrate*
*9 g Fett*
*6 g Eiweiß*

1 Waschen Sie die Urad Dal und weichen Sie sie für 2 Stunden in Wasser ein.

2 Gießen Sie sie anschließend ab und fangen Sie das Wasser dabei auf.

3 Vermengen Sie sie mit dem gemahlenen Reis und 100 ml Wasser des Urad Dals. Pürieren Sie die Mischung in einem Standmixer.

4 Lassen Sie die Mischung 8 Stunden lang ruhen.

5 Rühren Sie jetzt das Salz unter.

6 Erhitzen Sie einen Dampfgarer.

7 Formen Sie aus dem Teig kleine Küchlein und garen Sie sie in dem Dampfgarer für etwa 15 Minuten.

MISAL PAV |

# FRÜHSTÜCKSCURRY MIT WEIßBROT

4 Port. 20 Min. Mittel

## Zutaten

250 g Mungobohnen (getrocknete Hülsenfrüchte)
½ TL Kurkumapulver

**Für das Misal Masala:**
10 g Ingwer
2 Zehen Knoblauch
2 Zwiebeln
2 Tomaten
2 EL Kokosraspeln
2 EL Öl

**Für das Tarka:**
2 EL Öl
1 TL Kreuzkümmel
1 TL braune Senfkörner
½ TL Kurkumapulver
1 TL Garam Masala (scharfe Gewürzmischung)
½ TL Chili, grob zerkleinert
1 TL Koriander, gemahlen

**Zum Garnieren:**
Farsan
Koriander
Zwiebeln
Salz

## Nährwerte p. P.

*340 kcal*
*9 g Kohlenhydrate*
*23 g Fett*
*15 g Eiweiß*

1 Waschen Sie die Mungobohnen und lassen Sie sie in ausreichend Wasser für 24 Stunden einweichen.

2 Kochen Sie sie im Anschluss gemeinsam mit dem Kurkumapulver 10 Minuten lang bei mittlerer Wärmezufuhr.

3 Würfeln Sie für das Misal Masala Ingwer, Knoblauch, Zwiebeln und Tomaten in feine Stücke.

4 Erhitzen Sie das Öl in einer Pfanne und dünsten Sie die Zwiebeln darin glasig an.

5 Geben Sie die übrigen Zutaten für das Masala hinzu und rösten Sie alles 5 Minuten lang an.

6 Pürieren Sie die Mischung im Anschluss mit einem Stabmixer zu einer festen Paste.

7 Erhitzen Sie für das Tarka das Öl in der Pfanne.

8 Rösten Sie Gewürze darin an und geben Sie die Masalapaste hinzu. Dünsten Sie die Mischung so lange an, bis sich das enthaltene Öl darin absetzt.

9 Rühren Sie die Mungobohnen samt Kochwasser unter.

10 Schmecken Sie das Curry mit Salz ab und garnieren Sie es nach Belieben.

11 Servieren Sie das Frühstückscurry mit Weißbrot.

# Salate

CHANE KA SAALAD |

# KICHERERBSENSALAT

 2 Port.  20 Min.  Leicht

**Zutaten**

300 g Kichererbsen
1 Zwiebel
1 Zehe Knoblauch
10 g Ingwer
1 grüne Chilischote
2 Tomaten
2 EL Öl
12 getrocknete Curryblätter
2 TL Kreuzkümmel, gemahlen
100 g Joghurt
3 Stängel Koriander
2 TL Salz
2 TL Zitronensaft
3 EL Granatapfelkerne

**Nährwerte p. P.**

*310 kcal*
*29 g Kohlenhydrate*
*13 g Fett*
*11 g Eiweiß*

1 Gießen Sie die Kichererbsen in ein Sieb und spülen Sie sie mit Wasser ab.

2 Schälen Sie die Zwiebel und Knoblauchzehe und würfeln Sie sie fein.

3 Reiben Sie den Ingwer.

4 Zerkleinern Sie die Chilischote nach Belieben.

5 Waschen und schneiden Sie die Tomaten in mundgerechte Stücke.

6 Erhitzen Sie das Öl in einer Pfanne.

7 Braten Sie Curryblätter, Kreuzkümmel, Zwiebeln, Knoblauch, Ingwer und Chili darin für 1 Minute an.

8 Rühren Sie die Tomaten, Kichererbsen und Joghurt unter und rösten Sie alles für 4 Minuten mit an.

9 Waschen Sie in der Zwischenzeit den Koriander und zerkleinern Sie die Blätter.

10 Schmecken Sie den Salat mit Salz und Zitronensaft ab.

11 Garnieren Sie ihn vor dem Servieren mit dem Koriander und den Granatapfelkernen.

**Tipp:** Dieser Salat wird besonders häufig im Nordosten Indiens serviert. In der Regel isst man ihn dort lauwarm.

KACHUMBER |

# GEMISCHTER SALAT

2 Port. 10 Min. Leicht

**Zutaten**

1 Zwiebel
2 Tomaten
1 Gurke
1 Handvoll frischer Koriander
1 EL Zitronensaft

**Nach Belieben:**
Salz, Pfeffer, Chili

**Nährwerte p. P.**

*140 kcal*
*6 g Kohlenhydrate*
*3 g Fett*
*2 g Eiweiß*

1 Waschen Sie das Gemüse, schälen Sie es nach Bedarf.

2 Schneiden Sie alles in mundgerechte Stücke.

3 Schneiden Sie Zwiebeln und Koriander in feine Würfel.

4 Vermengen Sie alle Zutaten in einer Schüssel und schmecken Sie den Salat mit Salz, Pfeffer und Chili ab.

**Tipp:** Wer keine rohen Zwiebeln mag, kann diese für den Salat auch kurz in etwas Öl andünsten.

GAAJAR KA SAALAD |

# MÖHRENSALAT

4 Port. | 15 Min. | Leicht

**Zutaten**

300 g Joghurt
400 g Möhren
2 rote Zwiebeln
1 EL Öl
1 EL braune Senfkörner
1 TL Kreuzkümmel
1 TL Chilipulver
½ Bund Minze
½ Zitrone
Salz, Pfeffer

**Nährwerte p. P.**

*340 kcal*
*9 g Kohlenhydrate*
*23 g Fett*
*15 g Eiweiß*

1 Lassen Sie den Joghurt 30 Minuten lang durch ein Sieb abtropfen.

2 Schälen Sie in der Zwischenzeit Möhren und Zwiebeln.

3 Schneiden Sie sie in dünne Streifen.

4 Pressen Sie die Zitrone aus.

5 Erhitzen Sie das Öl in einer Pfanne.

6 Rösten Sie die Senfkörner darin kurz an.

7 Geben Sie Möhren, Zwiebeln, Kreuzkümmel und Chilipulver hinzu und rösten Sie alles für 4 Minuten an.

8 Füllen Sie die Mischung in eine Schüssel um und lassen Sie sie abkühlen.

9 Rühren Sie in der Zwischenzeit Minze, Zitronensaft, Salz und Pfeffer unter den Joghurt.

10 Servieren Sie den Salat mit dem Joghurt.

CHAAT SAALAD |

# SOMMERSALAT

4 Port.

20 Min.

Leicht

**Zutaten**

½ Gurke
200 g Radieschen
4 Frühlingszwiebeln
1 Bund Petersilie
1 Granatapfel
1 Dose Kichererbsen
4 EL Öl
1 TL Senfkörner
½ TL Cayennepfeffer
½ Zitrone
2 EL Kokosflocken
½ TL Chaat Masala (indische Gewürzzubereitung)
Salz, Pfeffer

**Nährwerte p. P.**

*89 kcal*
*7 g Kohlenhydrate*
*1 g Fett*
*2 g Eiweiß*

1 Halbieren Sie die Gurke. Entfernen Sie die Kerne und schneiden Sie sie im Anschluss in kleine Würfel.

2 Waschen Sie Radieschen und Frühlingszwiebeln und schneiden Sie sie in feine Würfel und Ringe.

3 Zerkleinern Sie die Petersilie und entnehmen Sie die Kerne aus dem Granatapfel.

4 Gießen Sie die Kichererbsen in ein Sieb und spülen Sie sie ab.

5 Erhitzen Sie das Öl in einer Pfanne.

6 Rösten Sie die Senfkörner darin kurz an.

7 Geben Sie Kichererbsen, Radieschen und Cayennepfeffer hinzu. Rösten Sie sie 5 Minuten lang mit an.

8 Lassen Sie die Mischung einige Minuten lang abkühlen. Pressen Sie in der Zwischenzeit die Zitrone aus.

9 Vermengen Sie nun alle Zutaten miteinander, schmecken Sie ihn mit Salz und Pfeffer ab und servieren Sie den Salat kalt.

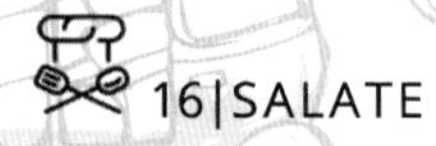

RAITA |

# GURKENSALAT

2 Port. 20 Min. Leicht

**Zutaten**

400 g Joghurt
1 Gurke
1 rote Chili, klein gehackt
1 Zehe Knoblauch, klein gehackt
10 g Ingwer, klein gehackt
1 Prise Zucker
1 TL Kreuzkümmel
2 TL gelbe Senfkörner
1 TL frische Minze, klein gehackt

**Nährwerte p. P.**

*90 kcal*
*9 g Kohlenhydrate*
*1 g Fett*
*11 g Eiweiß*

1 Rösten Sie Senfkörner und Kreuzkümmel 2 Minuten lang in einer Pfanne ohne Zugabe von Öl an.

2 Mahlen Sie die Mischung in einem Mörser fein.

3 Halbieren Sie die Gurke, entfernen Sie die Kerne und raspeln Sie sie.

4 Vermengen Sie alle Zutaten in einer großen Schüssel miteinander.

5 Lassen Sie den Salat für mindestens 2 Stunden im Kühlschrank ruhen.

**Tipp:** Dieser frische Salat wird in Indien mit Naan-Brot und einem Joghurt-Dip serviert.

# TANDOORI SAALAD | HÄHNCHENSALAT

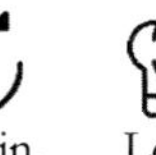

**Zutaten**

4 Stücke Hähnchenfilet
2 EL Tandooripaste (scharfe Currypaste)
200 g Joghurt
1 EL Zitronensaft
15 g Korianderblätter
60 g Mandelsplitter, geröstet
3 EL Öl

**Nährwerte p. P.**

*314 kcal*
*6 g Kohlenhydrate*
*13 g Fett*
*48 g Eiweiß*

1 Waschen Sie das Hähnchenfleisch, tupfen Sie es trocken und schneiden Sie es in Streifen.

2 Marinieren Sie die Fleischstücke für 15 Minuten in Tandooripaste, Joghurt und Zitronensaft.

3 Erhitzen Sie das Öl in einer Pfanne.

4 Braten Sie das Fleisch darin von allen Seiten knusprig an.

5 Rühren Sie Korianderblätter und Mandelsplitter mit in die Pfanne und rösten Sie diese 1 Minute lang mit an.

6 Servieren Sie das Hähnchen nach Belieben mit dem Joghurt, zu Salat, Brot oder reichen Sie dazu verschiedene Dips.

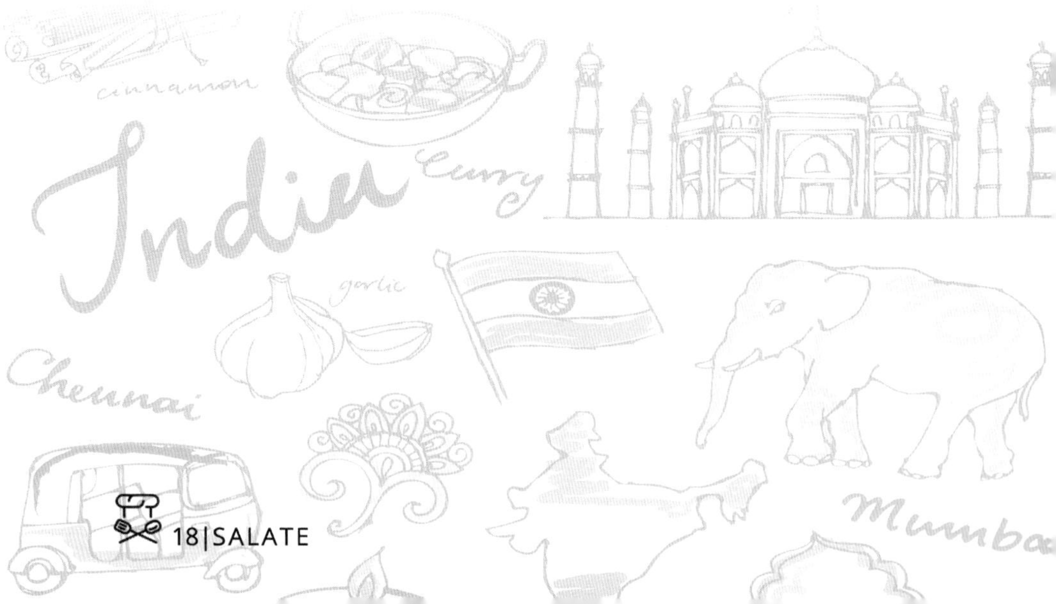

# Suppen

DAAL KA SOOP |

# LINSENSUPPE

4 Port.

30 Min.

Leicht

**Zutaten**

1 Zwiebel
1 Zehe Knoblauch
40 g Butter
½ TL Kreuzkümmel, gemahlen
1 TL Kurkuma
2 TL Garam Masala (scharfe Gewürzmischung)
200 g rote Linsen
1 Dose Tomaten, geschält
400 ml Kokosmilch
600 ml Gemüsebrühe

**Nach Belieben:**
Salz, Chilipulver

1 Schälen und schneiden Sie Zwiebel und Knoblauchzehe klein.

2 Erhitzen Sie die Butter in einem Topf.

3 Rösten Sie Zwiebel, Knoblauch, Kreuzkümmel, Kurkuma, Garam Masala und die Linsen darin für 5 Minuten an.

4 Löschen Sie die Mischung mit Tomaten, Kokosmilch und der Gemüsebrühe ab.

5 Kochen Sie alles für 20 Minuten bei mittlerer Wärmezufuhr.

6 Pürieren Sie die Suppe mit einem Pürierstab und schmecken Sie sie mit Salz und Chilipulver ab.

**Nährwerte p. P.**

*879 kcal*
*90 g Kohlenhydrate*
*40 g Fett*
*33 g Eiweiß*

**Tipp:** Servieren Sie diese gesunde Linsensuppe mit Naan-Brot oder einem anderen Fladenbrot.

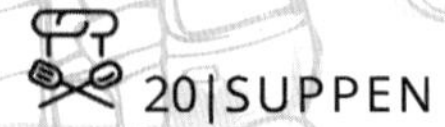

GAAJAR KA SOOP |

# MÖHRENSUPPE MIT INGWER

4 Port.

30 Min.

Leicht

**Zutaten**

1 Zwiebel
2 Zehen Knoblauch
40 g Ingwer
300 g Möhren
1 EL Butter
1 TL Zucker
375 ml Gemüsebrühe
75 ml Kokosmilch
40 ml Milch
1 TL Curry Madras (Currygewürzmischung)
1 TL Kurkuma
1 TL Paprikapulver, scharf

**Nach Belieben:**
Muskat, Sahne, Salz, Pfeffer

**Nährwerte p. P.**

*339 kcal*
*41 g Kohlenhydrate*
*12 g Fett*
*12 g Eiweiß*

1 Schälen Sie das Gemüse und schneiden Sie es in grobe Stücke.

2 Erhitzen Sie die Butter in einem großen Topf.

3 Dünsten Sie das Gemüse darin an. Rühren Sie dabei nach und nach den Zucker unter, bis die Gemüse-Mischung beginnt, zu karamellisieren.

4 Löschen Sie das Gemüse mit der Gemüsebrühe ab und köcheln Sie alles für 20 Minuten bei mittlerer Wärmezufuhr.

5 Rühren Sie nun Kokosmilch, Milch, Curry Madras, Kurkuma und Paprikapulver unter.

6 Pürieren Sie die Suppe mit einem Stabmixer und schmecken Sie sie nach Belieben mit Muskat, Sahne, Salz und Pfeffer ab.

CHIKAN SOOP |

# HÜHNERSUPPE

  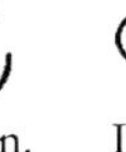 

4 Port. 40 Min. Leicht

**Zutaten**

2 Zwiebeln
4 Zehen Knoblauch
750 g Möhren
3 Hähnchenbrustfilets
2 EL Butterschmalz
½ TL Harissa (pikante Paprikasoße)
1 EL Curry Madras (Currygewürzmischung)
½ TL Garam Masala (scharfe Gewürzmischung)
2 Dosen Kokosmilch
1 Bund Koriandergrün
1 Prise Salz

**Nährwerte p. P.**

*510 kcal*
*17 g Kohlenhydrate*
*37 g Fett*
*28 g Eiweiß*

1 Schälen und schneiden Sie Zwiebeln und Knoblauch in kleine Stücke.

2 Waschen und trocknen Sie das Hähnchenbrustfilet. Schneiden Sie es in etwa 2 cm große Stücke.

3 Schälen Sie die Möhren und schneiden Sie sie in kleine Stücke.

4 Erhitzen Sie das Butterschmalz in einem großen Topf.

5 Dünsten Sie das Gemüse darin für 4 Minuten kräftig an.

6 Rühren Sie das Fleisch, Harissa, Curry Madras und Garam Masala unter und braten Sie alles noch einmal kurz kräftig an.

7 Löschen Sie die Mischung mit Kokosmilch ab und köcheln Sie die Suppe für 15 Minuten bei mittlerer Wärmezufuhr.

8 Schmecken Sie die Soße mit Koriander und Salz ab.

MULLIGATAWNY |

# SCHARFE CURRYSUPPE

4 Port.

50 Min.

Leicht

**Zutaten**

2 EL Butter
1 Zwiebel
3 Zehen Knoblauch
15 g Ingwer
150 g Sellerie
1 Möhre
1 Chilischote
2 Äpfel
100 g rote Linsen
1 kleine Dose stückige Tomaten
750 ml Gemüsebrühe
½ Dose Kokosmilch
1 TL Curry Madras (Currygewürzmischung)
1 TL Kreuzkümmel
½ TL Paprika, edelsüß
½ TL Zimt
½ TL Kardamompulver
½ TL Kurkuma
1 EL Thymian, gehackt

**Nach Belieben:**
Salz, Pfeffer, Koriander

**Nährwerte p. P.**

*445 kcal*
*39 g Kohlenhydrate*
*20 g Fett*
*7 g Eiweiß*

1 Schälen Sie die Zwiebel, Knoblauch und Ingwer und schneiden Sie alles in feine Würfel.

2 Schälen Sie Sellerie und Möhren. Schneiden Sie sie in kleine Stücke.

3 Erhitzen Sie die Butter in einem großen Topf.

4 Dünsten Sie das vorbereitete Gemüse darin 5 Minuten lang an.

5 Schälen und schneiden Sie währenddessen die Äpfel in kleine Stücke.

6 Zerkleinern Sie die Chilischote und entfernen Sie die Kerne.

7 Geben Sie Äpfel, Linsen, Tomaten, Gemüsebrühe, Kokosmilch und die gesamten Gewürze zum Gemüse und kochen Sie die Suppe für 35 Minuten bei mittlerer Wärmezufuhr.

8 Schmecken Sie sie mit Salz, Pfeffer und Koriander ab.

9 Die Suppe kann nach Belieben püriert werden. Halbieren Sie die Suppe und pürieren Sie beispielsweise nur die Hälfte oder die gesamte Suppe.

AALOO KA SOOP |

# SCHNELLE GEMÜSESUPPE

2 Port.

35 Min.

Leicht

**Zutaten**

80 g rote Linsen
200 g Kartoffeln, festkochend
100 g Möhre
300 g Blumenkohl
850 ml Wasser
1 EL Ingwer, gerieben
2 EL Kokosöl
2 TL Garam Masala (scharfe Gewürzmischung)
1 TL Kreuzkümmel
100 ml Kokosmilch
1 EL Tamari (indische Sojasoße)
1 EL Zitronensaft
2 EL Kichererbsen
2 EL Koriander
1 Prise Salz

**Nährwerte p. P.**

*465 kcal*
*56 g Kohlenhydrate*
*14 g Fett*
*19 g Eiweiß*

1 Geben Sie die Linsen in ein Sieb und spülen Sie sie mit Wasser ab.

2 Schälen Sie die Kartoffeln und Möhren. Würfeln Sie sie in mundgerechte Stücke. Schneiden Sie den Blumenkohl in Röschen.

3 Kochen Sie die Linsen in dem Wasser für 10 Minuten bei geringer Wärmezufuhr.

4 Geben Sie nun Kartoffel- und Möhrenstücke und die Blumenkohlröschen hinzu und kochen Sie die Mischung weitere 10 Minuten.

5 Erhitzen Sie in der Zwischenzeit 1 EL Kokosöl in einem separaten Topf. Dünsten Sie Ingwer, Garam Masala und Kreuzkümmel darin für 1 Minute an. Löschen Sie die Mischung mit der Kokosmilch ab und köcheln Sie sie kurz auf.

6 Gießen Sie die Linsen-Mischung durch ein Sieb ab und geben Sie sie in den Topf zu den Gewürzen.

7 Pürieren Sie etwa die Hälfte der Mischung mit einem Stabmixer.

8 Rühren Sie die übrigen Zutaten in die Suppe und schmecken Sie sie kräftig mit Salz und Koriander ab.

# Brote

PARATHA |

# HAUCHDÜNNES FLADENBROT

6 Port. 50 Min. Leicht

**Zutaten**

100 g Vollkornweizenmehl
100 g Weizenmehl
½ TL Salz
150 ml Wasser, warm
1 EL Olivenöl
Olivenöl zum Bestreichen

**Nährwerte p. P.**

*162 kcal*
*26 g Kohlenhydrate*
*4 g Fett*
*4 g Eiweiß*

1 Vermengen Sie Mehle und Salz in einer großen Schüssel.

2 Kneten Sie Wasser und Öl 5 Minuten lang unter.

3 Lassen Sie den Teig für 30 Minuten in der Schüssel ruhen.

4 Teilen Sie ihn anschließend in 6 gleich große Teile und formen Sie daraus mit einem Nudelholz dünne Kreise.

5 Bestreichen Sie die Kreise mit etwas Olivenöl.

6 Erhitzen Sie 1 TL Olivenöl in einer Pfanne und backen Sie die Brote darin aus. Die Oberfläche sollte gebräunt und knusprig sein.

PURI |

# FRITTIERTES FLADENBROT

4 Port. 40 Min. Leicht

**Zutaten**

150 g Chapatimehl (indisches Dinkelmehl)
½ TL Salz
8 EL Wasser, warm
2 EL Olivenöl
Mehl zum Ausrollen
1 L Öl zum Frittieren

**Nährwerte p. P.**

*883 kcal*
*2 g Kohlenhydrate*
*8 g Fett*
*1 g Eiweiß*

1 Vermengen Sie Mehl, Salz, Wasser und Öl zu einem Teig. Lassen Sie ihn für mindestens 10 Minuten ruhen.

2 Rollen Sie den Teig auf einer bemehlten Arbeitsfläche hauchdünn aus und stechen Sie mit einem Glas runde Brote aus.

3 Erhitzen Sie währenddessen das Öl zum Frittieren in einem großen Topf.

4 Frittieren Sie die Brote darin für etwa 1 Minute aus. Je nach Temperatur des Öls können die Brote auch schneller fertig sein.

**Tipp:** Diese luftigen Fladenbrote werden in Indien häufig als Snack oder Beilage serviert.

CHAPATI |

# DINKELBROT

8 Port.

30 Min.

Leicht

**Zutaten**

100 g Dinkelmehl
100 g Weizenmehl
½ TL Salz
1 EL Olivenöl
Wasser, warm

**Nährwerte p. P.**

*749 kcal*
*138 g Kohlenhydrate*
*9 g Fett*
*21 g Eiweiß*

1 Vermengen Sie Dinkelmehl, Weizenmehl, Salz und Öl miteinander.

2 Kneten Sie nach und nach etwas Wasser unter, bis der Teig eine Bindung erhält und nicht mehr klebt.

3 Formen Sie daraus 8 dünne runde Brote.

4 Erhitzen Sie eine Pfanne.

5 Backen Sie die Brote darin ohne Zugabe von Fett aus. Sobald die Brote Blasen bilden, sind sie gar.

NAAN |

# FLADENBROT AUS DER PFANNE

6 Port. 65 Min. Leicht

**Zutaten**

1 TL Trockenhefe
¼ TL Zucker
100 ml Milch, warm
250 g Weizenmehl
100 g Joghurt
½ TL Salz
½ TL Backpulver

**Nach Belieben:**

Butter oder Ghee (indisches Butterschmalz)

**Nährwerte p. P.**

*340 kcal*
*9 g Kohlenhydrate*
*23 g Fett*
*15 g Eiweiß*

1 Vermengen Sie Hefe, Zucker und Milch in einer großen Schüssel.

2 Sobald sich der Zucker aufgelöst hat, kneten Sie die Mischung unter das Mehl. Lassen Sie den Teig für 10 Minuten ruhen.

3 Kneten Sie jetzt Joghurt, Salz und Backpulver unter.

4 Lassen Sie den Teig für 1 Stunde an einem warmen Ort ruhen.

5 Formen Sie jetzt 6 gleich große runde Brote aus dem Teig.

6 Erhitzen Sie eine Pfanne ohne Zugabe von Öl und backen Sie die Brote darin von jeder Seite für etwa 1 Minute aus. Die Brote gehen beim Backen auf und werden dadurch schön locker.

7 Garnieren Sie die Brote nach Belieben mit Butter oder Ghee (indisches Butterschmalz).

# Hauptgerichte mit Fleisch & Geflügel

DAL |

# HÄHNCHEN MIT CURRYREIS

 4 Port.  45 Min.  Mittel

**Zutaten**

1 Zwiebel
1 Zehe Knoblauch
600 g Hähnchenbrustfilet
3 EL Öl
300 g rote Linsen
1 TL Garam Masala (scharfe Gewürzmischung)
800 ml Gemüsebrühe
200 g passierte Tomaten
300 g Basmatireis
4 Stangen Koriander

**Nach Belieben:**
Salz, Pfeffer
Zitronensaft
Joghurt

**Nährwerte p. P.**
*910 kcal*
*109 g Kohlenhydrate*
*24 g Fett*
*59 g Eiweiß*

1 Schälen und würfeln Sie die Zwiebel und Knoblauch.

2 Waschen Sie das Hähnchen und tupfen Sie es trocken. Schneiden Sie es anschließend in feine Stücke.

3 Erhitzen Sie 2 EL Öl in einer Pfanne. Braten Sie das Fleisch darin für 4 bis 5 Minuten an.

4 Nehmen Sie das Fleisch aus der Pfanne und legen Sie es beiseite.

5 Erhitzen Sie jetzt 1 EL ÖL erneut in der Pfanne und braten Sie darin Zwiebel- und Knoblauchwürfel an.

6 Geben Sie Linsen und Garam Masala an und braten Sie alles für 1 Minute mit an.

7 Löschen Sie die Mischung mit Gemüsebrühe und Tomaten ab.

8 Kochen Sie die Soße für 20 Minuten bei mittlerer Hitze, bis die Linsen gar sind.

9 Kochen Sie in der Zwischenzeit den Reis in einem separaten Topf in reichlich Salzwasser.

10 Rühren Sie das Hähnchenfleisch in die fertige Soße und schmecken Sie sie mit Salz, Pfeffer und Zitronensaft ab.

11 Servieren Sie die Soße mit dem Reis und garnieren Sie das Gericht mit etwas Joghurt und gehacktem Koriander.

**Tipp:** Dieses traditionelle Hähnchen-Dal kann nach Belieben mit frischen Chilischoten oder Chilipulver abgeschmeckt werden.

ROGAN JOSH |

# LAMMCURRY

4 Port.

50 Min.

Mittel

**Zutaten**

800 g Lammfleisch
2 Zwiebeln
3 Zehen Knoblauch
30 g Ingwer
4 EL Butter
120 g Joghurt
1 Prise Salz
1 Prise Pfeffer
1 TL Chiliflocken
1 Stange Zimt
1 EL Koriander, gemahlen
1 EL Kreuzkümmel, gemahlen
1 TL Kardamompulver
1 TL Kurkuma, gerieben
1 Dose Tomaten, gehackt

**Für die Joghurtsoße:**
300 g Salatgurken
5 Minzblätter
300 g Joghurt

**Nährwerte p. P.**

*440 kcal*
*13 g Kohlenhydrate*
*22 g Fett*
*48 g Eiweiß*

1 Tupfen Sie das Fleisch trocken und würfeln Sie es in 2 bis 3 cm große Stücke.

2 Schälen und würfeln Sie Zwiebeln, Knoblauch und Ingwer.

3 Erhitzen Sie die Butter in einem großen Topf.

4 Dünsten Sie Zwiebeln und Knoblauch darin für 5 Minuten an.

5 Rühren Sie Ingwer, Joghurt, Salz, die übrigen Gewürze und Tomaten unter.

6 Köcheln Sie die Soße für 10 Minuten bei mittlerer Hitze.

7 Geben Sie jetzt das Fleisch unter und schmoren Sie es in der Soße für 90 Minuten bei niedrigster Wärmezufuhr.

8 Schmecken Sie die Soße mit Salz und Pfeffer ab.

9 Raspeln Sie die Gurke für die Joghurtsoße grob. Geben Sie die gehackten Minzblätter und den Joghurt hinzu. Rühren Sie eine homogene Soße an.

10 Servieren Sie die Joghurtsoße als Topping zum Fleisch.

VINDALOO |

# RINDFLEISCHZUBEREITUNG

4 Port.

40 Min.

Leicht

**Zutaten**

500 g Gulasch vom Rind
2 EL Koriander, gemahlen
1 EL Kreuzkümmel, gemahlen
2 EL Pfeffer, gemahlen
1 TL Kurkuma, gerieben
1 TL Bockshornklee (gemahlene Saat)
1 TL Senfpulver
1 TL Paprikapulver
1 TL Piment
50 g Butter
1 Zwiebel
5 Zehen Knoblauch
3 grüne Chilischoten, gehackt
15 g Ingwer, gerieben
3 Kardamomkapseln
250 ml Wasser

**Nach Belieben:**
Salz, Pfeffer
Tomatenmark
Sahne

**Nährwerte p. P.**

*760 kcal*
*58 g Kohlenhydrate*
*20 g Fett*
*11 g Eiweiß*

1 Zerkleinern Sie das Rindergulasch in mundgerechte Stücke.

2 Vermengen Sie alle Gewürze miteinander und kneten Sie das Fleisch darin ein.

3 Schälen Sie Zwiebel und Knoblauch und schneiden Sie alles in feine Stücke. Entkernen Sie die Chilischote und zerkleinern Sie sie nach Belieben.

4 Erhitzen Sie die Butter in einer großen Pfanne.

5 Dünsten Sie Zwiebeln und Knoblauch darin glasig an.

6 Rühren Sie Chili, Ingwer und Kardamomkapseln hinzu und rösten Sie alles für 3 Minuten an.

7 Geben Sie jetzt das Fleisch in die Pfanne und braten Sie es von allen Seiten kräftig an.

8 Löschen Sie die Mischung mit dem Wasser ab und kochen Sie das Fleisch darin 30 Minuten bei geringer Wärmezufuhr gar.

9 Verfeinern Sie die Soße nach Belieben mit Salz, Pfeffer, Tomatenmark und Sahne.

**Tipp:** Zu diesem traditionell indischen Rindfleisch passt Jasminreis.

TIKKA MASALA |

# HÄHNCHEN-MASALA

4 Port.

30 Min.

Leicht

**Zutaten**

500 g Hähnchenbrust
3 EL Butter
1 Zwiebel
2 Zehen Knoblauch
3 TL Garam Masala (scharfe Gewürzmischung)
1 EL Ingwer, gerieben
1 TL Chilipulver, gemahlen
1 TL Kreuzkümmel, gemahlen
½ TL Cayennepfeffer
1 Dose gehackte Tomaten (aus der Dose)
200 ml Sahne
Salz, Pfeffer

**Nährwerte p. P.**

*722 kcal*
*59 g Kohlenhydrate*
*20 g Fett*
*15 g Eiweiß*

1 Waschen Sie das Fleisch und tupfen Sie es trocken. Schneiden Sie es anschließend in mundgerechte Stücke.

2 Schneiden Sie die Zwiebel und Knoblauchzehen in feine Würfel.

3 Erhitzen Sie 2 EL Butter in einer Pfanne und rösten Sie das Hähnchenfleisch darin für etwa 5 Minuten an. Es sollte vollständig durchgegart sein.

4 Nehmen Sie das Fleisch aus der Pfanne.

5 Erhitzen Sie jetzt erneut 1 EL Butter in der Pfanne und dünsten Sie Zwiebel- und Knoblauchstücke darin an.

6 Geben Sie Ingwer und alle übrigen Gewürze hinzu und rösten Sie diese für 2 Minuten mit an.

7 Löschen Sie die Mischung mit den Tomaten ab und kochen Sie sie kurz auf.

8 Rühren Sie die Sahne und das Fleisch unter. Köcheln Sie die Soße jetzt für 15 Minuten bei geringer Wärmezufuhr.

9 Schmecken Sie das Tikka Masala mit Salz und Pfeffer ab.

**Tipp:** Dieses Gericht wird in Indien mit frischem Naan-Brot oder Reis serviert.

QUEEMA |

# INDISCHES HACKFLEISCH MIT MINZE

4 Port. 15 Min- Leicht

**Zutaten**

3 EL Öl
10 g Ingwer, fein gehackt
5 Zehen Knoblauch, gehackt
1 große Zwiebel, fein gewürfelt
500 g Hackfleisch vom Rind
1 TL Salz
1 TL Cayennepfeffer
1 TL Garam Masala (scharfe Gewürzmischung)
1 TL Kreuzkümmel
1 TL Korianderpulver
1 TL Kurkumapulver
250 ml Wasser

**Für den Minzjoghurt:**

250 g Joghurt
150 g Minzblätter, grob zerkleinert
¼ TL Salz

**Nährwerte p. P.**

*255 kcal*
*8 g Kohlenhydrate*
*14 g Fett*
*28 g Eiweiß*

1 Erhitzen Sie das Öl in einer Pfanne.

2 Rösten Sie die Zwiebeln darin glasig an.

3 Fügen Sie nach etwa 2 Minuten den Knoblauch und den Ingwer hinzu und rösten Sie alles kurz miteinander an.

4 Geben Sie jetzt das Rindfleisch hinzu und braten Sie es kräftig an. Zerkleinern Sie es währenddessen, damit es später schön krümelig ist.

5 Rühren Sie jetzt die Gewürze unter und rösten Sie sie so lange an, bis sie ihren Duft entfaltet haben.

6 Löschen Sie die Mischung jetzt mit Wasser ab und köcheln Sie diese für 10 Minuten.

7 Vermengen Sie jetzt alle Zutaten für den Minzjoghurt miteinander und servieren Sie ihn zu dem Fleisch.

**Tipp:** Servieren Sie das indische Hackfleisch nach Belieben mit Naan-Brot, zu Nudeln oder Reis.

MURGH MAKHANI |
# BUTTERCHICKEN

4 Port.

50 Min.

Leicht

**Zutaten**

50 g Butter
600 g Hähnchenbrustfilet
1 Zwiebel
10 g Ingwer
550 g passierte Tomaten
100 ml Sahne
1 TL Honig
1 TL Garam Masala (scharfe Gewürzmischung)
½ TL Cayennepfeffer
1 EL Paprikapulver, edelsüß
Salz, Pfeffer

**Für die Marinade:**

Saft einer halben Limette
½ TL Salz
1 TL Cayennepfeffer
100 g Joghurt
1 TL Kurkuma
1 TL Kreuzkümmel, gemahlen
2 Zehen Knoblauch, gerieben
10 g Ingwer, gerieben
2 TL Garam Masala (scharfe Gewürzmischung)

**Nährwerte p. P.**

*745 kcal*
*66 g Kohlenhydrate*
*20 g Fett*
*12 g Eiweiß*

1 Bereiten Sie die Marinade zu, indem Sie alle Zutaten, die dafür vorgesehen sind, in einer großen Schüssel vermengen.

2 Waschen Sie das Fleisch, tupfen Sie es trocken und schneiden Sie es in kleine Stücke.

3 Marinieren Sie es für mindestens 2 Stunden in der Marinade.

4 Erhitzen Sie die Hälfte der Butter in einer großen Pfanne und braten Sie das Fleisch darin an.

5 Schneiden Sie in der Zwischenzeit die Zwiebel und den Ingwer in kleine Würfel. Geben Sie diese zum Fleisch und dünsten Sie sie kurz mit an.

6 Löschen Sie die Mischung jetzt mit Sahne und passierten Tomaten ab.

7 Kochen Sie die Soße kräftig auf und rühren Sie im Anschluss Honig, Garam Masala, Cayennepfeffer und Paprikapulver ein.

8 Lassen Sie die Hähnchen-Butter-Soße jetzt für 20 Minuten bei mittlerer Wärmezufuhr köcheln.

9 Schmecken Sie die Soße mit Salz und Pfeffer ab.

**Tipp:** Das klassische Butter-Chicken wird in Indien traditionell mit Reis und/oder Naan-Brot serviert.

CHANE MEETBABOL |

# KICHERERBSEN-HACKFLEISCH-FRIKADELLEN

6 Port.

20 Min.

Leicht

**Zutaten**
300 g Hackfleisch vom Rind
150 g Kichererbsen
100 g Zwiebeln, klein gewürfelt
20 g Ingwer, gerieben
2 Zehen Knoblauch, gerieben
½ Chilischote, gehackt
½ TL Kreuzkümmel
1 TL Korianderpulver
¼ TL Muskatnuss, gerieben
1 TL Pfefferminze, gerieben
2 TL Garam Masala (scharfe Gewürzmischung)
2 EL Petersilie
1 Ei
2 EL Zitronensaft
Salz, Pfeffer
Öl zum Anbraten

**Nährwerte p. P.**
*135 kcal*
*7 g Kohlenhydrate*
*6 g Fett*
*12 g Eiweiß*

1 Zerdrücken Sie die Kichererbsen mit einer Gabel oder schneiden Sie sie in kleine Stücke.

2 Vermengen Sie alle Zutaten in einer großen Schüssel und kneten Sie daraus einen Teig.

3 Formen Sie je nach Größe 6 bis 8 Frikadellen.

4 Erhitzen Sie ausreichend Öl in einer Pfanne und braten Sie die Frikadellen darin kräftig von allen Seiten an.

**Tipp:** In Indien werden die Frikadellen mit Naan-Brot und einem Chutney serviert. Alternativ können die Frikadellen auch bei 180 Grad Umluft für 15 bis 20 Minuten im Backofen ausgebacken werden.

# Hauptgerichte mit Fisch & Meeresfrüchten

SAIMAN RAIGAUT |

# LACHSRAGOUT MIT KOKOSSOẞE

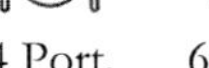

4 Port. 60 Min. Mittel

**Zutaten**

6 Zitronenblätter
2 Stangen Zitronengras
40 g Ingwer
2 rote Zwiebeln
200 ml Fischfond
400 g Kokosmilch
550 g Lachsfilet
1 EL Garam Masala (scharfe Gewürzmischung)
300 g Bambussprossen (aus der Dose)
4 - 5 EL Öl
1 Prise Salz
1 Chilischote

**Nährwerte p. P.**

*656 kcal*
*11 g Kohlenhydrate*
*51 g Fett*
*36 g Eiweiß*

1 Waschen Sie die Chilischote, entkernen Sie sie und schneiden Sie sie in feine Stücke.

2 Waschen Sie das Zitronengras und die Zitronenblätter und schneiden Sie sie ebenfalls in kleine Stücke.

3 Schälen Sie die Zwiebel und Ingwer. Hacken Sie sie in kleine Würfel.

4 Erhitzen Sie 2 bis 3 EL Öl in einem Topf.

5 Braten Sie Zwiebel und Ingwer darin für 3 Minuten an. Geben Sie Zitronengras und -blätter hinzu und dünsten Sie diese weitere 3 Minuten mit an.

6 Löschen Sie die Mischung mit dem Fischfond und der Kokosmilch ab. Köcheln Sie sie jetzt für 10 Minuten bei mittlerer Hitze.

7 Waschen Sie in dieser Zeit den Lachs, tupfen Sie ihn trocken und schneiden Sie ihn anschließend in mundgerechte Stücke. Salzen Sie ihn reichlich.

8 Erhitzen Sie etwas Öl in einer Pfanne und braten Sie die Lachsstücke darin kurz an. Bestäuben Sie ihn währenddessen mit dem Garam Masala.

9 Rühren Sie die Bambussprossen und die Kokossoße aus dem Topf unter den Lachs. Köcheln Sie die Soße für etwa 5 Minuten auf, bis eine Bindung entsteht.

**Tipp:** Dieses Ragout kann als leichte Hauptspeise serviert oder in Begleitung von Reis oder Nudeln angerichtet werden.

SAIMAN BEK KIYA HUA |

# SCHNELL GEBACKENER LACHS

2 Port. 20 Min. Leicht

**Zutaten**

1 EL Öl
2 Stücke Lachs
1 Prise Salz
1 TL Chilipulver
1 TL geriebener Ingwer
3 Zehen Knoblauch
½ TL Kurkuma, gerieben
½ TL Garam Masala (scharfe Gewürzmischung)
1 EL Zitronensaft

**Nährwerte p. P.**

*462 kcal*
*9 g Kohlenhydrate*
*28 g Fett*
*40 g Eiweiß*

1 Waschen Sie den Lachs und tupfen Sie ihn mit einem Küchenpapier trocken.

2 Bestreichen Sie den Fisch mit dem Öl und reiben Sie ihn mit Salz und den übrigen Gewürzen ein.

3 Erhitzen Sie die Heißluftfritteuse auf 200 Grad und backen Sie den Fisch darin für 5 bis 6 Minuten.

**Tipp:** Alternativ kann der Fisch auch bei 180 Grad Umluft für 15 bis 20 Minuten im Backofen gebacken werden.

FISCH TIKKA |

# MARINIERTER FISCH

2 Port.

130 Min.

Leicht

**Zutaten**

1 Zehe Knoblauch
15 g Ingwer
100 g Joghurt
1 TL Limettensaft
½ TL Kreuzkümmel, gemahlen
½ Kurkuma, gerieben
¾ TL Koriander, gemahlen
1 Prise Salz
1 Prise Chilipulver
¼ Bund Koriandergrün
6 Stängel Minze
350 g Seelachsfilet
1 EL Butter

**Nährwerte p. P.**

*270 kcal*
*5 g Kohlenhydrate*
*15 g Fett*
*28 g Eiweiß*

1 Reiben Sie den Knoblauch und Ingwer und rühren Sie ihn mit allen Zutaten, bis auf den Lachs und Butter, zu einer Marinade.

2 Waschen Sie den Lachs ab und tupfen Sie ihn mit Küchenpapier trocken.

3 Schneiden Sie ihn jetzt in beliebig große Stücke und marinieren Sie ihn in der Schüssel mit der Marinade.

4 Lassen Sie die Schüssel dabei verschlossen für 2 Stunden im Kühlschrank ruhen.

5 Heizen Sie den Backofen auf 275 Grad vor.

6 Verteilen Sie die Lachsstücke in einer Auflaufform oder auf einem mit Backpapier ausgelegten Backblech.

7 Backen Sie den Fisch je nach Größe 5 bis 10 Minuten.

8 Bestreichen Sie ihn direkt nach dem Garen mit der Butter und servieren Sie ihn warm.

**Tipp:** Dieses Fisch Tikka wird in Indien traditionell mit Reis oder Salzkartoffeln serviert.

SAAMAN KAREE |

# LACHSCURRY

2 Port. 40 Min. Leicht

**Zutaten**

2 Stücke Lachsfilet
1 Prise Salz
1 Msp. Cayennepfeffer
½ TL Kurkuma
½ EL Garam Masala (scharfe Gewürzmischung)
1 Zwiebel
1 Zehe Knoblauch
1 EL Öl
1 Dose Tomaten (400 g)
2 Stangen Minze
¼ Bund Schnittlauch
100 g Joghurt

**Nach Belieben:**
Salz und Pfeffer

**Nährwerte p. P.**

*476 kcal*
*9 g Kohlenhydrate*
*20 g Fett*
*39 g Eiweiß*

1 Heizen Sie den Backofen auf 200 Grad Ober-/Unterhitze vor.

2 Würzen Sie den Lachs mit Salz, Cayennepfeffer, Kurkuma und Garam Masala.

3 Schneiden Sie Zwiebeln und Knoblauch in feine Stücke.

4 Erhitzen Sie das Öl in einem Topf. Rösten Sie Zwiebeln und Knoblauch darin für 3 Minuten an.

5 Löschen Sie die Mischung mit den Dosentomaten ab und schmecken Sie sie mit Salz und Pfeffer ab.

6 Füllen Sie die Soße in eine flache Auflaufform und geben Sie den Lachs hinein.

7 Backen Sie den Auflauf für 10 Minuten im Backofen.

8 Vermengen Sie in der Zwischenzeit Minze, Schnittlauch und Joghurt miteinander.

9 Servieren Sie den Joghurt im Anschluss zu dem Lachs.

**Tipp**: Dazu passt ein frisches Fladenbrot oder Jasminreis.

MACHHALEE KAREE |

# PIKANTES FISCHCURRY

4 Port. 30 Min. Mittel

**Zutaten**

200 g Reis
1 Limette
10 g Ingwer
½ TL Senfkörner, schwarz
1 EL Sesamsamen
1 TL Koriandersamen
600 g Fisch
1 Zwiebel
4 Tomaten
2 EL Sesamöl
1 EL Garam Masala (scharfe Gewürzmischung)
½ TL Kurkuma
300 ml Kokosmilch
6 Stiele Koriander
Nach Belieben:
Salz

**Nährwerte p. P.**

*549 kcal*
*44 g Kohlenhydrate*
*27 g Fett*
*32 g Eiweiß*

1 Kochen Sie den Reis nach Packungsanweisung. Pressen Sie die Limette aus und hacken Sie den Ingwer klein.

2 Vermengen Sie Ingwer, Limettensaft, Sesam- und Koriandersamen mit den Senfkörnern.

3 Waschen Sie den Fisch und tupfen Sie ihn trocken. Legen Sie ihn in die Marinade und lassen Sie ihn darin für mindestens 15 Minuten ruhen.

4 Schälen Sie in der Zwischenzeit die Zwiebeln, waschen Sie die Tomaten und würfeln Sie alles in feine Stücke.

5 Erhitzen Sie das Sesamöl in einer Pfanne. Nehmen Sie den Fisch aus der Marinade und salzen Sie ihn kräftig. Braten Sie ihn für 5 bis 6 Minuten bei mittlerer Hitze in dem Öl an. Nehmen Sie die fertigen Fischfilets heraus.

6 Dünsten Sie jetzt Zwiebeln, Tomaten, Garam Masala und Kurkuma darin für 2 Minuten an. Löschen Sie die Mischung mit der restlichen Fisch-Marinade und der Kokosmilch ab.

7 Kochen Sie die Soße für 2 Minuten auf.

8 Servieren Sie den Fisch mit jeweils einer Portion Reis auf vier Tellern und geben Sie die Soße darüber.

9 Hacken Sie den Koriander in grobe Stücke und garnieren Sie das Gericht damit.

JHEENGA KAREE |

# GARNELENCURRY

2 Port.

20 Min.

Leicht

**Zutaten**

1 EL Öl
10 Garnelen
1 rote Zwiebel
2 Zehen Knoblauch
10 g Ingwer
1 rote Chilischote
½ TL Kreuzkümmel
1 TL Garam Masala (scharfe Gewürzmischung)
1 TL Kurkuma
1 TL Tomatenmark
100 ml Weißwein
100 ml Kokosmilch
½ Limette
5 Zweige Koriander

**Nährwerte p. P.**

*740 kcal*
*59 g Kohlenhydrate*
*20 g Fett*
*23 g Eiweiß*

1 Die Garnelen bei Bedarf schälen. Schälen und würfeln Sie die Zwiebel, Knoblauch und Ingwer. Zerkleinern Sie die Chilischote nach Belieben.

2 Erhitzen Sie das Öl in einer Pfanne.

3 Braten Sie die Garnelen darin für 5 Minuten an.

4 Rühren Sie Zwiebel, Knoblauch, Ingwer und die Chilischote unter und rösten Sie alles miteinander für 2 Minuten an.

5 Geben Sie jetzt Kreuzkümmel, Garam Masala, Kurkuma und Tomatenmark hinzu. Alles kurz unterrühren.

6 Löschen Sie die Mischung jetzt mit Weißwein und Kokosmilch ab. Köcheln Sie alles für 5 Minuten bei geringer Wärmezufuhr.

7 Pressen Sie in der Zwischenzeit die Limette aus und hacken Sie den Koriander nach Belieben klein.

8 Schmecken Sie die Soße mit dem Limettensaft ab und garnieren Sie das Gericht mit dem Koriander.

SAMUDREE KAREE |

# CURRYREIS MIT MEERESFRÜCHTEN

2 Port. 25 Min. Leicht

**Zutaten**

1 Zwiebel
10 g Ingwer
1 rote Chilischote
250 g Frutti-di-Mare-Mischung
2 EL Öl
250 g Basmatireis
1 TL Garam Masala (scharfe Gewürzmischung)
50 g Erbsen (tiefgekühlt)
Salz
Pfeffer
4 Stiele Koriander
1 Limette

**Nährwerte p. P.**

*855 kcal*
*93 g Kohlenhydrate*
*31 g Fett*
*48 g Eiweiß*

1 Schälen Sie Zwiebel und Ingwer und schneiden Sie sie in dünne Streifen. Waschen und würfeln Sie die Chilischote in Ringe.

2 Erhitzen Sie das Öl in einer Pfanne und braten Sie die Frutti-di-Mare-Mischung darin nach Packungsanweisung an.

3 Nehmen Sie die Meeresfrüchte aus der Pfanne.

4 Dünsten Sie in der heißen Pfanne jetzt Zwiebeln, Ingwer und Chilischote an.

5 Rühren Sie Reis und Garam Masala unter.

6 Bedecken Sie die Mischung mit Wasser und bringen Sie sie zum Kochen.

7 Kochen Sie den Reis darin bissfest, bis das Wasser vollständig aufgenommen wurde.

8 Rühren Sie die Erbsen für einige Minuten mit unter.

9 Heben Sie jetzt die Meeresfrüchte unter.

10 Pressen Sie die Limette aus.

11 Schmecken Sie das Gericht mit Salz, Pfeffer, Koriander und Limettensaft ab.

# Vegetarische Hauptgerichte

LENS DAL |

# ROTES LINSEN-DAL

4 Port.

30 Min.

Leicht

**Zutaten**

300 g Reis
2 EL Öl
2 Zwiebeln
2 Zehen Knoblauch
10 g Ingwer
300 g rote Linsen
1 EL Tomatenmark
700 ml Gemüsebrühe
2 EL Limettensaft
250 g Tomaten, gehackt
250 ml Kokosmilch

**Nach Belieben:**
Koriander

**Für die Gewürzmischung:**
1 TL Kurkuma
1 TL Paprikapulver
1 TL Koriander
1 TL Kreuzkümmel
1 TL Garam Masala (scharfe Gewürzmischung)
1 TL Zucker
1 TL Chiliflocken
Salz, Pfeffer

**Nährwerte p. P.**

*795 kcal*
*120 g Kohlenhydrate*
*22 g Fett*
*28 g Eiweiß*

1 Kochen Sie den Reis nach Packungsanweisung.

2 Bereiten Sie in der Zwischenzeit das Linsen-Dal zu. Schälen und würfeln Sie Zwiebeln, Knoblauch und Ingwer.

3 Erhitzen Sie das Öl in einer Pfanne. Braten Sie Zwiebeln, Knoblauch und Ingwer darin für 3 Minuten an.

4 Geben Sie Linsen, Tomatenmark und die Gewürzmischung hinzu.

5 Löschen Sie die Mischung jetzt mit der Gemüsebrühe ab und köcheln Sie alles kräftig für 5 Minuten auf.

6 Rühren Sie zum Schluss Limettensaft, Tomaten und die Kokosmilch unter.

7 Schmecken Sie das Curry nach Belieben mit Koriander, Salz und Pfeffer ab und servieren Sie es zu dem Reis.

ALOO GOBI |

# BLUMENKOHL-KARTOFFEL-ALLERLEI

4 Port. 50 Min. Leicht

**Zutaten**

1 Blumenkohl
6 Kartoffeln
3 EL Öl
2 Zwiebeln
30 g Ingwer
2 Tomaten
1 Chilischote
1 große Dose Tomaten, stückig
100 ml Wasser
1 TL Kurkuma
1 EL Kreuzkümmel
½ TL Garam Masala (scharfe Gewürzmischung)
1 TL Salz

**Nährwerte p. P.**

*340 kcal*
*9 g Kohlenhydrate*
*23 g Fett*
*15 g Eiweiß*

1 Zerkleinern Sie den Blumenkohl in kleine Röschen und waschen Sie diese gründlich ab.

2 Schälen Sie die Kartoffeln und schneiden Sie sie in mundgerechte Stücke. Schälen und würfeln Sie die Zwiebel. Reiben Sie den Ingwer mit einer Reibe sehr fein.

3 Waschen Sie die Chilischote und zerkleinern Sie sie. Entfernen Sie die Kerne. Bereiten Sie auch die Tomaten vor, indem Sie sie waschen und in beliebig große Stücke schneiden.

4 Erhitzen Sie das Öl in einem großen Topf. Dünsten Sie die Zwiebelwürfel darin an, bis sie glasig sind.

5 Rühren Sie Ingwer, die frischen Tomaten und die Chilischote unter.

6 Löschen Sie die Mischung mit den Dosentomaten und dem Wasser ab. Rühren Sie die Gewürze, Blumenkohl und Kartoffeln unter.

7 Kochen Sie alles zusammen für etwa 20 bis 30 Minuten.

8 Schmecken Sie das Gemüse-Allerlei danach noch einmal ab.

PALAK PANEER |

# SPINATCURRY

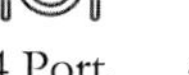
4 Port.

40 Min.

Mittel

**Zutaten**

2 Liter Milch
6 EL Zitronensaft
350 g Spinat
1 Zwiebel
2 Zehen Knoblauch
1 Ingwer
3 Tomaten
50 ml Sahne
4 EL Öl

**Nährwerte p. P.**

*676 kcal*
*62 g Kohlenhydrate*
*20 g Fett*
*12 g Eiweiß*

1 Erhitzen Sie die Milch in einem großen Topf. Rühren Sie den Zitronensaft unter, sobald sie hochkocht.

2 Nehmen Sie den Topf sofort von der Platte und sieben Sie die Milch durch ein sauberes Baumwoll- oder Leinentuch.

3 Drücken Sie den dadurch entstehenden Käse in dem Tuch vorsichtig aus und lassen Sie ihn für 2 Stunden im Kühlschrank etwas fest werden.

4 Bereiten Sie in der Zwischenzeit den Spinat zu. Blanchieren Sie ihn für 2 Minuten in Salzwasser.

5 Pürieren Sie ihn anschließend. Geben Sie Zwiebeln, Knoblauch, Ingwer, Tomaten, Sahne und Öl in den Spinat und pürieren Sie ihn noch einmal kurz. Dabei sollte eine homogene Mischung entstehen.

6 Schneiden Sie den Käse in mundgerechte Stücke und heben Sie ihn kurz unter die Spinat-Mischung.

MALAI KOFTA |

# REIS MIT KÄSEBÄLLCHEN

 4 Port.  30 Min.  Leicht

**Zutaten**

300 g Reis

**Für die Käsebällchen:**

350 g Kartoffeln
150 g Käse
80 g Erbsen
60 g Möhren
50 g Kichererbsen
30 g Cashewkerne
10 g Speisestärke
½ TL Chiliflocken
1 Prise Salz

**Für die Soße:**

1 Zwiebel
1 Zehe Knoblauch
10 g Ingwer
2 EL Kokosöl
1 TL Garam Masala (scharfe Gewürzmischung)
½ TL Kurkuma
2 TL Korianderpulver
1 TL Kreuzkümmel
1 TL Chiliflocken
750 g Passata (Basis-Tomatensoße)
250 ml Sahne
1 TL Zitronensaft
1 Prise Salz

**Außerdem:**

Öl zum Ausbacken

## Nährwerte p. P.

*720 kcal*
*48 g Kohlenhydrate*
*23 g Fett*
*12 g Eiweiß*

1 Kochen Sie den Reis nach Packungsanweisung und fahren Sie in der Zwischenzeit mit dem Rezept fort.

2 Schälen Sie die Kartoffeln und schneiden Sie sie in mundgerechte Stücke. Kochen Sie sie in ausreichend Salzwasser für 15 bis 20 Minuten bissfest. Geben Sie in den letzten 3 Minuten Kochzeit die Erbsen hinzu.

3 Zerstampfen Sie Kartoffeln und Erbsen nach der Kochzeit mit einer Gabel zu Püree. Reiben Sie die Möhre und den Käse hinzu und geben Sie alle übrigen Zutaten für die Käsebällchen ebenfalls in die Schüssel. Kneten Sie daraus einen Teig und formen Sie daraus etwa 15 Kugeln.

4 Erhitzen Sie ausreichend Öl in einem großen Topf. Frittieren Sie die Käsebällchen darin goldbraun.

5 Bereiten Sie jetzt die Soße zu. Schälen Sie Zwiebel und Knoblauch und würfeln Sie alles in feine Stücke. Reiben Sie den Ingwer. Erhitzen Sie das Kokosöl in einem Topf. Dünsten Sie Zwiebeln, Knoblauch und Ingwer darin kurz an.

6 Geben Sie jetzt die übrigen Gewürze hinzu und braten Sie sie kräftig an, bis sie eine braun-rote Farbe annehmen. Fügen Sie nach 1 bis 2 Minuten Passata, Sahne und Zitronensaft hinzu.

7 Kochen Sie die Soße für 10 Minuten bei geringer Hitze. Schmecken Sie sie mit Zitronensaft ab.

8 Servieren Sie den Reis mit der Soße und reichen Sie die Käsebällchen trocken oder mit Soße dazu.

BIRYANI |

# VEGETARISCHE REISPFANNE

4 Port. 20 Min. Leicht

**Zutaten**

200 g Basmatireis
350 g gemischtes Gemüse (tiefgekühlt oder frisch)
50 g Rosinen
400 ml Wasser
60 g Cashewkerne
100 g Zwiebeln
1 Zehe Knoblauch
10 g Ingwer
4 EL Öl

**Für die Gewürzmischung:**
1 TL Garam Masala
1 TL Kreuzkümmel
½ TL Kurkuma
2 ½ EL Gemüsebrühe
2 EL Petersilie, gehackt
1 EL Zitronensaft
Pfeffer, Salz

**Nährwerte p. P.**

*510 kcal*
*63 g Kohlenhydrate*
*23 g Fett*
*11 g Eiweiß*

1 Schälen und schneiden Sie Zwiebel, Knoblauch und Ingwer in feine Stücke.

2 Lassen Sie das Gemüse antauen oder bereiten Sie das frische Gemüse für die Zubereitung vor.

3 Erhitzen Sie das Öl in einer Pfanne. Dünsten Sie Zwiebeln, Knoblauch und Ingwer darin für 2 Minuten an.

4 Geben Sie Garam Masala, Kreuzkümmel, Kurkuma und Gemüsebrühe hinzu und rösten Sie die Gewürze kurz mit an.

5 Rühren Sie den Reis und die Rosinen unter und braten Sie die Mischung weiter für 4 Minuten an.

6 Löschen Sie den Inhalt der Pfanne jetzt mit dem Wasser ab.

7 Lassen Sie den Inhalt für 5 Minuten köcheln.

8 Geben Sie jetzt das Gemüse hinzu und kochen Sie es bissfest.

9 Sobald das Wasser in den Reis gezogen ist, schmecken Sie die Reispfanne mit Zitronensaft, Salz und Pfeffer ab.

10 Garnieren Sie das Gericht mit Cashewkernen und Petersilie.

SHAHI PANEER |

# ERBSENREIS MIT TOMATENSOSSE

4 Port.

45 Min.

Leicht

**Zutaten**

300 g Reis
80 g Erbsen (tiefgekühlt)
150 g Cashewkerne
250 ml Milch
2 Zwiebeln
3 Zehen Knoblauch
1 EL Ingwer
1 Dose passierte Tomaten
2 TL Kreuzkümmel
2 TL Koriander
2 TL Garam Masala (scharfe Gewürzmischung)
½ TL Chilipulver
½ TL Koriander
400 ml Wasser
1 EL Zucker
3 EL Öl

**Für den Käse:**
2 Liter Milch
2 EL Essigessenz
8 EL Wasser

**Nährwerte p. P.**

*320 kcal*
*39 g Kohlenhydrate*
*20 g Fett*
*12 g Eiweiß*

1 Bereiten Sie zunächst den Käse zu: Kochen Sie dafür die Milch sprudelnd auf. Vermengen Sie Essigessenz mit Wasser und rühren Sie die Mischung unter die kochende Milch. Nehmen Sie den Topf sofort von der Herdplatte und geben Sie die Milch in ein sehr feines Sieb oder ein Baumwolltuch.

2 Drücken Sie die Flüssigkeit vorsichtig aus und formen Sie den im Tuch entstandenen Käse zu einer Kugel. Lassen Sie ihn für 30 Minuten im Kühlschrank ruhen.

3 Schneiden Sie den Käse im Anschluss in mundgerechte Stücke. Braten Sie diese Stücke in einer Pfanne ohne Zugabe von Fett kurz an. Legen Sie den Käse beiseite und fahren Sie mit dem Rezept fort.

4 Kochen Sie den Reis nach Packungsanweisung. Geben Sie die Erbsen in den letzten 3 Minuten Garzeit hinzu.

5 Weichen Sie die Cashewkerne in der Milch ein.

6 Schälen und schneiden Sie Zwiebeln, Knoblauch und Ingwer in feine Stücke.

7 Erhitzen Sie das Öl in einer Pfanne. Dünsten Sie Zwiebeln, Knoblauch und Ingwer darin für 2 Minuten an. Löschen Sie die Mischung mit den Tomaten und den Gewürzen ab. Kochen Sie die Tomatenmischung kurz auf.

8 Rühren Sie Wasser, Zucker und die Cashewkerne ein und pürieren Sie die Soße mit einem Stabmixer.

9 Servieren Sie die Soße zu dem Reis und dem Käse.

VEGGIE MAKHANI |

# BUTTER-GEMÜSE-SOßE

3 Port. 35 Min. Leicht

**Zutaten**

270 g Basmatireis
350 g Austernpilze
350 g Blumenkohlröschen
90 g Butter
1 rote Zwiebel
3 Zehen Knoblauch
1 ½ TL geriebenen Ingwer
2 TL Garam Masala (scharfe Gewürzmischung)
1 ½ TL Zimt
1 TL Kurkuma
2 Msp. Chilipulver
800 ml passierte Tomaten
150 ml Sahne
2 EL Korianderblätter
2 EL geröstete Cashewkerne
Pfeffer, Salz

**Nährwerte p. P.**

*540 kcal*
*49 g Kohlenhydrate*
*26 g Fett*
*18 g Eiweiß*

1 Kochen Sie den Reis nach Packungsanweisung.

2 Schmelzen Sie die Hälfte der Butter und rühren Sie 1 TL Garam Masala unter.

3 Waschen Sie die Pilze und den Blumenkohl. Verteilen Sie sie auf einem mit Backpapier belegten Backblech. Geben Sie die geschmolzene Butter über Pilze und Blumenkohl.

4 Backen Sie das Gemüse jetzt im vorgeheizten Backofen bei 180 Grad für 30 Minuten.

5 Bereiten Sie in der Zwischenzeit die Soße zu. Schälen und würfeln Sie Zwiebeln und Knoblauch.

6 Erhitzen Sie die übrige Butter und rösten die Würfel darin kräftig an.

7 Geben Sie die gesamten Gewürze hinzu und rösten Sie sie kurz mit an.

8 Löschen Sie die Mischung jetzt mit den passierten Tomaten ab und kochen Sie sie auf.

9 Köcheln Sie die Soße für 20 Minuten bei geringer Wärmezufuhr.

10 Pürieren Sie die Soße nach der Garzeit.

11 Schmecken Sie sie mit Sahne, Salz und Pfeffer ab. Geben Sie zum Abschluss das gebackene Gemüse hinzu.

12 Servieren Sie die Soße zu dem Reis und garnieren Sie das Gericht mit Korianderblättern und Cashewkernen.

# Vegane Hauptgerichte

GREELD KATAAR |

# GRILLSPIEẞE INDISCHER ART MIT GURKENSALAT

4 Port.

20 Min.

Leicht

**Zutaten**

2 Limetten
150 g vegane Joghurt-Alternative
1 TL Kurkuma, gerieben
2 EL Garam Masala (scharfe Gewürzmischung)
1 Prise Salz
360 g Tofu zum Grillen
1 Salatgurke
2 rote Zwiebeln
4 Portionen Naans

**Nährwerte p. P.**

*450 kcal*
*49 g Kohlenhydrate*
*13 g Fett*
*30 g Eiweiß*

1 Waschen Sie die Limetten gründlich ab und reiben Sie den grünen Teil der Schale ab. Pressen Sie die Limetten anschließend aus.

2 Vermengen Sie den veganen Joghurt mit der Hälfte des Abriebs und des Saftes.

3 Schmecken Sie die Mischung jetzt mit Garam Masala, Kurkuma und Salz ab.

4 Schneiden Sie den Tofu in mundgerechte Stücke und spießen Sie sie auf einen Grillspieß auf.

5 Bestreichen Sie die Spieße jetzt mit der Hälfte des Joghurts.

6 Grillen Sie die Spieße auf dem Grill und stellen Sie in der Zwischenzeit den Salat her.

7 Waschen Sie die Gurke und schneiden Sie sie mit einem Sparschäler in dünne Streifen.

8 Schälen Sie die Zwiebel und würfeln Sie sie fein.

9 Vermengen Sie den übrigen Limettensaft, Limettenabrieb, Gurken, Zwiebeln und die Joghurt-Mischung miteinander.

10 Servieren Sie den Salat und das Naans zu den fertigen Spießen.

ALOO SABZI |

# KARTOFFELCURRY

4 Port.

40 Min.

Leicht

**Zutaten**

700 g Kartoffeln, festkochend
6 EL Öl
1 rote Zwiebel
1 ½ TL Kreuzkümmelsamen
2 TL Senfkörner
½ TL Garam Masala (scharfe Gewürzmischung)
1 Kurkuma, gerieben
½ TL Chilipulver
10 g Koriander
10 g Ingwer
4 Zehen Knoblauch
1 EL Tomatenmark
1 Chilischote
400 g passierte Tomaten
230 ml Wasser

**Nach Belieben:**
Etwas Limettensaft

**Nährwerte p. P.**

*470 kcal*
*65 g Kohlenhydrate*
*22 g Fett*
*9 g Eiweiß*

1 Kochen Sie die Kartoffeln mit Schale in ausreichend Salzwasser für 20 Minuten bissfest. Lassen Sie sie anschließend abkühlen, schälen Sie sie und würfeln Sie sie fein.

2 Schälen Sie die Zwiebel und würfeln Sie sie fein.

3 Hacken Sie Koriander, Chili, Ingwer und Knoblauch fein.

4 Erhitzen Sie das Öl in einem Topf.

5 Dünsten Sie die Zwiebeln darin für 3 Minuten an. Geben Sie Kreuzkümmelsamen und Senfkörner hinzu und verringern Sie die Hitze. Lassen Sie die Mischung für weitere 5 Minuten dünsten.

6 Geben Sie jetzt Koriander, Ingwer, Knoblauch, Tomatenmark, Chili sowie alle Gewürze hinzu. Braten Sie die Mischung für 2 Minuten an.

7 Löschen Sie sie im Anschluss mit den passierten Tomaten und dem Wasser ab. Rühren Sie die Kartoffelstücke mit ein und lassen Sie die Mischung bei niedrigster Stufe für 5 Minuten ziehen.

8 Garnieren Sie das Kartoffelcurry nach Belieben mit einem Spritzer Limettensaft.

CHANE CHUREE |

# KICHERERBSENCURRY

 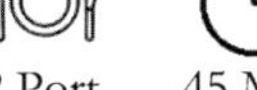 

2 Port. 45 Min. Leicht

**Zutaten**

300 g Reis
2 EL Kokosöl
1 Dose Kichererbsen
1 Zwiebel
3 Zehen Knoblauch
10 g Ingwer
1 Aubergine
1 Möhre
½ rote Paprika
½ gelbe Paprika
1 Dose Kokosmilch
2 EL Garam Masala (scharfe Gewürzmischung)
¼ TL Paprikapulver, scharf

**Zum Garnieren:**
Petersilie
Limettensaft

**Nährwerte p. P.**

*460 kcal*
*56 g Kohlenhydrate*
*20 g Fett*
*14 g Eiweiß*

1 Kochen Sie den Reis nach Packungsanweisung.

2 Waschen Sie die Paprika und entkernen Sie sie.

3 Schälen Sie Zwiebel, Knoblauch, Ingwer und Aubergine. Schneiden Sie das Gemüse anschließend in mundgerechte Stücke.

4 Erhitzen Sie das Kokosöl in einer Pfanne. Dünsten Sie das gesamte Gemüse darin für 3 Minuten an.

5 Rühren Sie Garam Masala und Paprikapulver unter und braten Sie die Mischung kurz miteinander an.

6 Löschen Sie sie jetzt mit der Kokosmilch ab. Kochen Sie das Curry für 10 Minuten bei geringer Hitze.

7 Servieren Sie das Curry zu dem gekochten Reis und garnieren Sie es nach Belieben mit Limettensaft und der Petersilie.

KORMA SOJA |

# SOJA-CURRY MIT REIS

4 Port. 40 Min. Leicht

**Zutaten**

200 g Sojaschnitzel
100 ml Gemüsebrühe
250 g Reis
1 TL Salz
3 EL Kokosöl

**Für die Soße:**
1 Zwiebel
2 Zehen Knoblauch
30 g Ingwer
1 TL Paprikapulver
1 ½ TL Garam Masala (scharfe Gewürzmischung)
1 TL Kardamom
1 TL Kurkuma
2 EL Agavendicksaft
2 EL Tomatenmark
500 ml vegane Sahne-Alternative
400 ml Gemüsebrühe
150 g vegane Joghurt-Alternative
100 g Mandelstifte
100 g Cashewkerne
Salz und Pfeffer

**Nährwerte p. P.**

*480 kcal*
*38 g Kohlenhydrate*
*20 g Fett*
*12 g Eiweiß*

1 Erhitzen Sie die 100 ml Gemüsebrühe und übergießen Sie die Sojaschnitzel damit. Lassen Sie sie darin für 10 Minuten ziehen. Drücken Sie die Schnitzel im Anschluss aus.

2 Erhitzen Sie ausreichend Salzwasser in einem großen Topf und kochen Sie den Reis darin nach Packungsanweisung.

3 Schälen Sie in der Zwischenzeit Zwiebel, Knoblauch und Ingwer und reiben Sie sie mit einer Reibe fein. Vermengen Sie alles miteinander. Erhitzen Sie das Kokosöl in einer Pfanne. Braten Sie die Schnitzel darin für 5 bis 10 Minuten an.

4 Nehmen Sie die Schnitzel aus der Pfanne und dünsten Sie jetzt die Zwiebel-Mischung für 2 Minuten darin an. Geben Sie jetzt alle Gewürze hinzu und rösten Sie sie 2 Minuten mit an.

5 Löschen Sie die Mischung mit Agavendicksaft, Tomatenmark, Sahne-Alternative und der Gemüse-Brühe ab. Kochen Sie die Soße für 5 Minuten bei mittlerer Hitze.

6 Pürieren Sie sie mit einem Pürierstab oder im Standmixer. Rühren Sie jetzt die Joghurt-Alternative und die in Stücke geschnittenen Schnitzel unter. Schmecken Sie die Soße mit Salz und Pfeffer ab.

7 Servieren Sie das Curry mit dem Reis und garnieren Sie das Gericht mit den Cashewkernen und Mandelstiften.

PALAK PANEER |

# CURRY MIT SPINAT UND TOFU

4 Port. 30 Min. Leicht

**Zutaten**

500 g Spinat, frisch
4 EL Öl
2 Zwiebeln
2 Zehen Knoblauch
1 TL Korianderpulver
1 TL Kreuzkümmel
1 TL Salz
½ TL Cayennepfeffer
1 EL Ingwer
1 TL Garam Masala (scharfe Gewürzmischung)
1 TL Kurkuma
1 Tomate
1 Chilischote
1 EL Bockshornkleeblätter
1 TL Gemüsebrühe
200 ml Kokosmilch
3 EL Koriander
2 EL Ahornsirup
Nach Belieben: Zitronensaft

**Für den Käse-Tofu:**
150 ml Kokosmilch
2 EL Bierhefe
1 TL Salz
500 g Tofu
4 EL Öl

## Nährwerte p. P.

*640 kcal*
*55 g Kohlenhydrate*
*20 g Fett*
*11 g Eiweiß*

1 Waschen Sie den Spinat und kochen Sie ihn für 5 Minuten bei mittlerer Hitze in reichlich gesalzenem Wasser. Pürieren Sie ihn anschließend in einem Mixer.

2 Schälen Sie Zwiebeln und Knoblauch, würfeln Sie alles in feine Stücke.

3 Erhitzen Sie das Öl in einer Pfanne. Dünsten Sie Zwiebeln und Knoblauch darin für 2 Minuten an. Rühren Sie Korianderpulver, Kreuzkümmel, Salz, Cayennepfeffer, Ingwer, Garam Masala, Kurkuma und die in kleine Stücke geschnittene Tomate unter. Braten Sie die Mischung weitere 2 Minuten an.

4 Schneiden Sie die Chilischote in feine Stücke und entfernen Sie die Kerne.

5 Geben Sie Chilischote, Kasuri Methi, Gemüsebrühe, Kokosmilch, Koriander und Ahornsirup in die Pfanne und köcheln Sie das Curry für etwa 15 Minuten bei mittlerer Hitze.

6 Schmecken Sie es zum Schluss mit Zitronensaft ab.

7 Verquirlen Sie für den Käse-Tofu Kokosmilch, Bierhefe und Salz in einer Schüssel. Wenden Sie den Tofu darin und lassen Sie ihn für 10 Minuten in der Mischung ruhen.

8 Erhitzen Sie das Öl in der Pfanne und dünsten Sie den Tofu darin an. Schneiden Sie ihn anschließend in beliebig große Stücke und servieren Sie ihn zu dem Spinatcurry.

# KAAJOO KAREE | CASHEWCURRY

4 Port.

40 Min.

Leicht

**Zutaten**

70 g Margarine
1 Zwiebel, in Ringe geschnitten
10 g Ingwer, gerieben
1 Zehe Knoblauch, gerieben
½ TL Zimt
1 EL Garam Masala (scharfe Gewürzmischung)
1 TL Currypulver
4 Lorbeerblätter
400 ml passierte Tomaten
250 g Süßkartoffeln, in Würfel geschnitten
100 g Cashewkerne
300 ml Kokosmilch
150 g Soja-Joghurt
1 EL Rosinen

**Nährwerte p. P.**

*580 kcal*
*47 g Kohlenhydrate*
*28 g Fett*
*18 g Eiweiß*

1 Erhitzen Sie die Margarine in einem Topf.

2 Dünsten Sie die Zwiebeln darin für 3 Minuten an.

3 Fügen Sie Ingwer, Knoblauch, Zimt, Garam Masala, Currypulver und die Lorbeerblätter hinzu. Dünsten Sie die Mischung weitere 3 Minuten kräftig an.

4 Löschen Sie die Zutaten mit den Tomaten ab. Geben Sie Süßkartoffeln, Cashewkerne und Kokosmilch hinzu und kochen Sie das Curry 20 Minuten. Entfernen Sie anschließend die Lorbeerblätter.

5 Rühren Sie zum Schluss den Joghurt kurz unter und nehmen Sie den Topf sofort vom Herd.

6 Garnieren Sie das Curry mit einigen Rosinen.

**Tipp:** Wer Koriander mag, kann 1 bis 2 TL Koriander in den Soja-Joghurt unterrühren. Er gibt dem Gericht dann eine besonders kräftige Aromanote.

TIKKA MASALA |

# TOFU IN WÜRZIGER TOMATENSOẞE

2 Port. 30 Min. Leicht

**Zutaten**

**Für den Tofu:**

500 g Tofu
70 g veganer Joghurt
10 g Ingwer, gerieben
½ TL Kurkuma
½ TL Kreuzkümmel
½ TL Salz
½ TL Chilipulver
2 EL Kokosöl

**Für die Soße:**
2 EL Kokosöl
1 Zwiebel
2 Zehen Knoblauch
4 Tomaten
½ TL Chilipulver
1 EL Ingwer, gerieben
¼ TL Zimt
½ TL Kreuzkümmel
1 EL Currypulver
400 ml Gemüsebrühe
5 EL Joghurt
2 EL Agavendicksaft

**Nährwerte p. P.**

*390 kcal*
*60 g Kohlenhydrate*
*18 g Fett*
*12 g Eiweiß*

1 Pressen Sie den Tofu aus und schneiden Sie ihn in mundgerechte Stücke.

2 Vermengen Sie ihn mit allen Zutaten, die für die Marinade vorgesehen sind (bis auf das Kokosöl), in einer großen Schüssel. Verrühren Sie alles gut miteinander und lassen Sie den Tofu für 15 Minuten darin ruhen.

3 Erhitzen Sie das Kokosöl in einer Pfanne. Braten Sie den Tofu darin von jeder Seite an.

4 Schälen Sie Zwiebeln und Knoblauch. Schneiden Sie sie in feine Würfel. Waschen Sie die Tomaten und schneiden Sie sie in beliebig große Stücke.

5 Erhitzen Sie das Öl für die Soße in der Pfanne. Dünsten Sie Zwiebeln und Knoblauch darin für 2 Minuten an.

6 Rühren Sie alle Gewürze unter und braten Sie sie für weitere 2 Minuten mit an.

7 Fügen Sie jetzt die Tomatenwürfel hinzu und kochen Sie sie in der Mischung weich.

8 Löschen Sie das Gemüse mit Gemüsebrühe und Joghurt ab. Kochen Sie alles für 15 Minuten kräftig auf.

9 Rühren Sie zum Abschluss den Agavendicksaft und den Tofu unter.

**Tipp:** Auch in dieses Curry-Rezept können Sie 1 bis 2 TL Koriander untermischen.

# Fingerfood & Snacks

CHANA SAAG |

# BLÄTTERTEIGTASCHEN

10 Port. 60 Min. Mittel

**Zutaten**

Zwei Rollen Blätterteig
1 Eigelb

**Für die Füllung:**
500 g Kirschtomaten
500 g frischer Spinat
400 g Champignons
400 g Kichererbsen
2 Zwiebeln
4 Zehen Knoblauch
10 g Ingwer
3 EL Öl

**Für die Gewürzmischung:**
1 TL Senfkörner
1 TL Kreuzkümmelsamen
1 ½ TL Koriander, gemahlen
2 TL Garam Masala (scharfe Gewürzmischung)
1 TL Chiliflocken
½ TL Limettensaft
1 TL Salz
1 TL Rohrzucker

**Nährwerte p. P.**

*385 kcal*
*61 g Kohlenhydrate*
*6 g Fett*
*13 g Eiweiß*

1 Waschen Sie den Spinat und blanchieren Sie ihn für 3 Minuten in kochendem Salzwasser. Schrecken Sie ihn anschließend mit kaltem Wasser ab.

2 Zerkleinern Sie den Spinat anschließend grob. Waschen und zerkleinern Sie die Champignons. Schälen Sie Zwiebeln, Knoblauch und Ingwer und schneiden Sie sie in feine Würfel.

3 Erhitzen Sie das Öl in einer Pfanne. Dünsten Sie Zwiebeln, Knoblauch und Ingwer darin für 4 Minuten an. Fügen Sie die Kichererbsen, Champignons und den Spinat hinzu und dünsten Sie die Mischung weitere 3 Minuten an. Waschen und halbieren Sie die Tomaten und rühren Sie sie kurz unter.

4 Geben Sie jetzt alle Zutaten der Gewürzmischung zu der Gemüsemischung und heben Sie alles gut unter.

5 Schneiden Sie den Blätterteig in etwa 8 x 8 cm große Stücke. Befüllen Sie die Quadrate mit etwa 1 EL der Füllung. Schlagen Sie den Blätterteig nun in Dreiecke oder kleine Taschen. Verquirlen Sie das Eigelb und bestreichen Sie die Taschen damit.

6 Backen Sie sie im vorgeheizten Backofen bei 180 Grad für 20 Minuten goldbraun.

**Tipp:** Servieren Sie die Taschen am besten warm.

CHAKRI |

# KEKSE IN SCHNECKENFORM

 10 Port.

 40 Min.

 Leicht

**Zutaten**

250 g Kichererbsenmehl
200 g Reismehl
Etwas Wasser
2 TL Korianderpulver
½ TL Kurkumapulver

**Außerdem:**
Öl zum Ausbacken

**Nährwerte p. P.**

*162 kcal*
*30 g Kohlenhydrate*
*2 g Fett*
*5 g Eiweiß*

1 Vermengen Sie Kichererbsen- und Reismehl miteinander. Rühren Sie nach Gefühl etwas Wasser unter und kneten Sie währenddessen alles zu einem glatten Teig.

2 Kneten Sie, sobald die Konsistenz stimmt, Koriander- und Kurkumapulver unter.

3 Rollen Sie den Teig in sehr dünne Würstchen und rollen Sie diese anschließend zu Schnecken auf.

4 Erhitzen Sie das Öl in einem großen Topf.

5 Frittieren Sie die Kekse darin nach und nach aus. Sie sollten dabei nicht zu dunkel werden, sondern eine gelb-goldene Farbe behalten.

**Tipp:** Die Kekse können sowohl warm als auch kalt serviert werden.

ALOO TIKKI |

# KARTOFFELKÜCHLEIN

4 Port. 30 Min. Leicht

**Zutaten**

800 g Kartoffeln
100 g Erbsen (tiefgekühlt)
2 grüne Chilis
4 EL Kichererbsenmehl
½ Bund Koriander
½ TL Chilipulver
1 ½ TL Chat Masala
½ TL Salz
2 EL Zitronensaft
4 EL Öl

**Nährwerte p. P.**

*377 kcal*
*46 g Kohlenhydrate*
*15 g Fett*
*9 g Eiweiß*

1 Schälen und vierteln Sie die Kartoffeln. Kochen Sie die Kartoffelstücke anschließend für 20 Minuten in leicht kochendem Wasser.

2 Geben Sie die Erbsen in den letzten 3 Minuten zu den Kartoffeln und kochen Sie diese mit. Sie sollten nach dem Kochen schön weich sein.

3 Gießen Sie die Mischung anschließend ab und lassen Sie diese kurz abkühlen.

4 Waschen Sie die Chilis und hacken Sie sie fein, entfernen Sie die Kerne.

5 Vermengen Sie nun alle Zutaten, bis auf das Öl, miteinander.

6 Formen Sie daraus beliebig große Frikadellen oder Kugeln.

7 Erhitzen Sie das Öl in einer Pfanne.

8 Braten Sie die Teiglinge darin für 4 bis 5 Minuten von jeder Seite an.

**Tipp:** Dazu schmeckt der Raita-Gurken-Dip. Die Kartoffelküchlein können warm oder kalt serviert werden. Wer eine fettfreie Variante bevorzugt, kann die Aloo Tikkis auch bei 180 Grad Umluft für 15 Minuten im Backofen ausbacken.

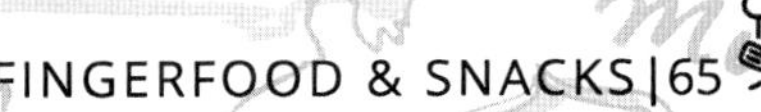

RIBBON PAKODA |

# FRITTIERTE CHIPS

4 Port.

30 Min.

Mittel

**Zutaten**

120 g Reismehl
120 g Mehl
3 - 5 EL Wasser
½ TL Chilipulver
¼ TL Asant (Gewürzmischung aus Asafoetida)
1 Prise Salz

**Außerdem:**
Öl zum Ausbacken

**Nährwerte p. P.**

*140 kcal*
*12 g Kohlenhydrate*
*3 g Fett*
*4 g Eiweiß*

1 Vermengen Sie alle Zutaten zu einem festen Teig.

2 Rollen Sie den Teig sehr dünn aus und schneiden Sie ihn anschließend in etwa 1 x 10 cm lange Scheiben.

3 Verwenden Sie alternativ eine Band-Presse.

4 Erhitzen Sie das Öl in einem großen Topf.

5 Frittieren Sie die Chips darin nach und nach für etwa 2 Minuten.

6 Lassen Sie sie anschließend auf Küchenpapier abtropfen.

**Tipp:** Die Gewürze können nach Belieben angepasst werden. Je nach Region werden diese nicht direkt in den Teig geknetet, sondern mit etwas Öl auf die bereits ausgepressten Chips bestrichen.

SAMOSAS |

# GEFÜLLTE CURRY-TEIGTASCHEN

20 Port. 50 Min. Mittel

**Zutaten**

450 g Mehl
1 TL Curry
1 TL Salz
1 Würfel Hefe
1 TL Zucker
2 EL Olivenöl

**Für die Füllung:**
400 g Kartoffeln
150 g Erbsen (tiefgekühlt)
1 Dose Mais
10 g Ingwer
1 EL Öl
½ TL Kreuzkümmel
½ TL Chilipulver
½ Bund Koriander oder Petersilie

**Nach Belieben:**
Salz und Pfeffer

**Außerdem:**
2 EL Öl zum Anbraten
1 Eigelb
2 EL Schlagsahne
2 EL Schwarzkümmel

**Nährwerte p. P.**

*210 kcal*
*29 g Kohlenhydrate*
*20 g Fett*
*6 g Eiweiß*

1 Vermengen Sie Mehl, Curry und Salz in einer großen Schüssel. Formen Sie eine Mulde in der Mischung. Geben Sie Hefe, Zucker und Olivenöl in diese Mulde. Kneten Sie daraus einen glatten Teig und lassen Sie ihn 30 Minuten an einem warmen Ort ruhen.

2 Waschen Sie die Kartoffeln, kochen Sie sie für etwa 20 Minuten gar. Gießen Sie sie ab und lassen Sie sie abkühlen. Zerstampfen Sie die Kartoffeln mit einer Gabel oder einem Kartoffelstampfer.

3 Tauen Sie die Erbsen auf und gießen Sie den Mais ab. Schälen Sie den Ingwer und reiben Sie ihn.

4 Vermengen Sie jetzt alle Zutaten für die Füllung in einer großen Schüssel. Erhitzen Sie 2 EL Öl in einer Pfanne und dünsten Sie die Mischung für 5 Minuten an.

5 Heizen Sie den Backofen auf 200 Grad Ober-/Unterhitze vor.

6 Rollen Sie den zubereiteten Teig dünn aus. Schneiden Sie etwa 10 x 10 cm große Quadrate daraus aus. Verquirlen Sie Eigelb und Sahne. Bestreichen Sie die Ränder mit dieser Mischung.

7 Befüllen Sie die Quadrate jetzt mit 1 bis 2 EL der zubereiteten Füllung. Schlagen Sie den Teig jetzt zu Dreiecken ein und drücken Sie die bestrichenen Enden aufeinander. Bestreichen Sie sie mit der rechtlichen Ei-Sahne-Mischung und bestreuen Sie sie mit dem Schwarzkümmel.

8 Backen Sie die Samosas für 10 Minuten im Backofen.

MANGO LADOO |

# SÜẞE MANGOKUGELN

Ca. 50 Kugeln

40 Min.

Leicht

**Zutaten**

400 ml Kondensmilch
300 g reife Mango
200 g Kokosraspeln
1 Limette
1 TL Kurkumapulver

**Außerdem:**
Kokosraspeln zum Wälzen

**Nährwerte p. P.**

*53 kcal*
*4 g Kohlenhydrate*
*4 g Fett*
*2 g Eiweiß*

1 Waschen Sie die Limette gründlich. Reiben Sie anschließend den grünen Teil der Schale mit einer Reibe ab.

2 Schälen Sie die Mango und schneiden Sie das Fruchtfleisch in grobe Stücke.

3 Pürieren Sie das Mangofruchtfleisch mit dem Limettenabrieb zu Püree.

4 Rösten Sie die Kokosraspeln in einer Pfanne ohne Zugabe von Fett an, bis sie eine orange-braune Farbe annehmen.

5 Nehmen Sie die Raspeln aus der Pfanne.

6 Erhitzen Sie jetzt Mangopüree, Kondensmilch und Kurkumapulver miteinander in der Pfanne. Lassen Sie die Mischung für 7 bis 10 Minuten bei geringer Hitze köcheln.

7 Sobald die Masse andickt, geben Sie die gerösteten Kokosraspeln hinzu. Erhitzen Sie die Masse erneut für 7 bis 10 Minuten. Währenddessen sollte daraus ein fester Teigklumpen entstehen.

8 Formen Sie daraus etwa 50 Kugeln. Wälzen Sie diese in den Kokosraspeln und lagern Sie sie bis zum Verzehr im Kühlschrank.

NAAN |

# FRITTIERTE TEIGHÄPPCHEN

Ca. 20 Teiglinge

45 Min.

Leicht

**Zutaten**

450 g Mehl
180 ml Milch, warm
150 g Naturjoghurt
2 EL Zucker
2 TL Ghee (indisches Butterschmalz)
1 TL Salz
½ Würfel Hefe
½ Päckchen Backpulver
½ TL Currypulver

**Außerdem:**
Öl zum Ausbacken

1 Vermengen Sie alle Zutaten in einer großen Schüssel miteinander.

2 Kneten Sie den Teig mit den Knethaken eines Mixers oder den Händen gut durch.

3 Lassen Sie den Teig für 15 Minuten an einem warmen Ort ruhen.

4 Formen Sie anschließend 20 gleich große Kugeln oder Halbmond-förmige Teiglinge.

5 Erhitzen Sie das Öl in einem großen Topf.

6 Frittieren Sie die Teiglinge darin je nach Größe 4 bis 5 Minuten lang aus.

**Nährwerte p. P.**

*88 kcal*
*18 g Kohlenhydrate*
*12 g Fett*
*5 g Eiweiß*

**Tipp:** In einigen Regionen werden diese Naan-Teiglinge mit einer Füllung serviert. Vermengen Sie dafür 100 g Crème fraîche und 1 TL Currypulver miteinander und geben Sie jeweils 1 EL in die Teiglinge.

# Desserts

SHRIKHAND |

# JOGHURT-DESSERT

4 Port.

60 Min.

Leicht

**Zutaten**

500 g Naturjoghurt
50 g Zucker
½ TL Safranfäden
2 EL warme Milch
1 TL Kardamompulver
30 g gehackte Pistazien
1 Mango

**Nährwerte p. P.**

*377 kcal*
*47 g Kohlenhydrate*
*13 g Fett*
*8 g Eiweiß*

1 Füllen Sie den Joghurt in ein sauberes Baumwolltuch oder Filterpapier. Lassen Sie ihn für mindestens 12 Stunden im Kühlschrank in einen Auffangbehälter tropfen.

2 Vermengen Sie den abgetropften Joghurt mit dem Zucker und lassen Sie ihn 30 Minuten im Kühlschrank ziehen.

3 Der Zucker sollte sich nach dieser Zeit vollständig aufgelöst haben.

4 Lösen Sie in der Zwischenzeit die Safranfäden in der warmen Milch auf.

5 Rühren Sie die Safranfäden, das Kardamompulver und die Pistazien in den Joghurt ein.

6 Schälen Sie die Mango und schneiden Sie sie in dünne Streifen.

7 Garnieren Sie den Joghurt mit den Mangostreifen und servieren Sie ihn kalt.

GULAB JAMUN |

# MILCHBÄLLCHEN

4 Port. 45 Min. Mittel

**Zutaten**

500 ml Wasser
300 g Zucker
2 Kardamomkapseln, zerdrückt
70 g Mehl
180 g Milchpulver
1 TL Backpulver
1 TL Kardamompulver
150 ml Milch
20 g Butter

**Außerdem:**
Öl zum Frittieren
2 EL Kokosraspeln

**Nährwerte p. P.**

*195 kcal*
*28 g Kohlenhydrate*
*7 g Fett*
*5 g Eiweiß*

1 Bringen Sie Wasser mit Zucker und der zerdrückten Kardamomkapsel in einer Pfanne zum Kochen.

2 Lassen Sie die Mischung 10 Minuten lang köcheln, bis sie eine sirupartige Konsistenz angenommen hat.

3 Vermengen Sie Mehl, Milchpulver, Backpulver und Kardamompulver miteinander.

4 Erwärmen Sie Milch und Butter miteinander.

5 Vermengen Sie diese beiden Mischungen miteinander und kneten Sie den Teig so lange, bis eine homogene Masse entsteht.

6 Lassen Sie den Teig mindestens 15 Minuten zugedeckt ruhen.

7 Formen Sie jetzt mit bemehlten Händen haselnussgroße Kugeln.

8 Erhitzen Sie ausreichend Öl auf 170 Grad.

9 Frittieren Sie die Kugeln darin portionsweise für etwa 1 bis 2 Minuten. Lassen Sie sie auf Küchenpapier abtropfen.

10 Wenden Sie die Kugeln anschließend in dem Sirup und lassen Sie sie darin für 24 Stunden ruhen.

11 Bestreuen Sie sie zum Schluss mit Kokosraspeln.

JALEBI |

# FRITTIERTE SAFRANFÄDEN

4 Port. 25 Min. Mittel

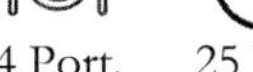

**Zutaten**

½ TL Safranfäden
250 ml kochendes Wasser
1 ½ TL Trockenhefe
1 EL Zucker
200 g Mehl
200 g Naturjoghurt

**Für den Sirup:**
500 ml Wasser
500 g Zucker
3 Nelken
½ Zimtstange
3 Kardamomkapseln

**Außerdem:**
Öl zum Ausbacken

**Nährwerte p. P.**

*826 kcal*
*169 g Kohlenhydrate*
*12 g Fett*
*8 g Eiweiß*

1 Übergießen Sie den Safran in einem Sieb mit dem kochenden Wasser. Lassen Sie ihn anschließend auf Zimmertemperatur abkühlen.

2 Lösen Sie die Hefe und den Zucker in dem aufgefangenen Safran-Wasser auf.

3 Rühren Sie Mehl und Joghurt unter und lassen Sie den Teig 1 Stunde ruhen.

4 Stellen Sie in der Zwischenzeit den Sirup her. Kochen Sie dafür alle dafür vorgesehenen Zutaten in einem kleinen Topf auf, bis die Masse andickt.

5 Erhitzen Sie genügend Öl in einem großen Topf.

6 Füllen Sie den Teig in einen Spritzbeutel mit kleiner Öffnung.

7 Spritzen Sie dünne Fäden in das heiße Öl und frittieren Sie diese kurz aus.

8 Lassen Sie sie auf Küchenpapier abtropfen.

9 Tauchen Sie die Fäden kurz in den Sirup und servieren Sie diese warm.

# KULFI | SAFRANEIS

2 Port.

15 Min.

Leicht

**Zutaten**

400 ml Milch
200 ml Sahne
80 g Zucker
½ TL Kardamomkapseln, gemahlen
1 Msp. Safranfäden
2 EL Pistazien, gehackt

**Zum Garnieren:**
Mandeln und Pistazien

**Nährwerte p. P.**

*440 kcal*
*124 g Kohlenhydrate*
*21 g Fett*
*4 g Eiweiß*

1 Vermengen Sie alle Zutaten miteinander und kochen Sie die Mischung bei geringer Hitze für 30 Minuten. Rühren Sie die Milch-Mischung dabei regelmäßig um.

2 Füllen Sie die Creme anschließend in frostbeständige Förmchen.

3 Geben Sie das Eis für mindestens 10 Stunden in das Gefrierfach.

4 Garnieren Sie das Eis vor dem Servieren nach Belieben mit Mandeln und/oder Pistazien.

NARIYAL KI KHEER |
# KOKOS-REIS-DESSERT

 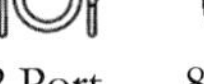  

2 Port. 80 Min. Leicht

**Zutaten**

100 g Milchreis
400 ml Wasser
50 g Kokosraspeln
100 g Zucker
1 TL Kardamompulver
1 TL Kokosöl
2 EL Mandeln, ganz
2 EL Pistazien
2 EL Rosinen

**Nährwerte p. P.**

*390 kcal*
*48 g Kohlenhydrate*
*28 g Fett*
*10 g Eiweiß*

1 Weichen Sie den Milchreis für 1 Stunde in etwas Wasser auf. Gießen Sie ihn anschließend ab.

2 Pürieren Sie den Reis anschließend in einem Standmixer mit 100 ml Wasser. Dabei sollte eine dickflüssige Masse entstehen.

3 Erhitzen Sie die Mischung anschließend in einem kleinen Topf – nicht kochen.

4 Gießen Sie sie mit 300 ml Wasser auf.

5 Rühren Sie Kokosraspeln, Zucker, Kardamom und Kokosöl unter. Köcheln Sie die Mischung jetzt für etwa 20 Minuten bei niedrigster Stufe.

6 Garnieren Sie das Dessert nach Belieben mit den Mandeln, Pistazien und Rosinen.

**Tipp:** Nach traditionell indischer Art wird diese süße Milchreis-Creme kalt serviert. An kalten Tagen schmeckt sie allerdings auch warm hervorragend.

RASGULLA |

# INDISCHE MILCHBÄLLCHEN

6 Port. 70 Min. Leicht

**Zutaten**

1,25 Liter Vollmilch
2 Zitronen
5 EL Wasser

**Für den Sirup:**
500 g Zucker
2 Liter Wasser

**Nährwerte p. P.**

*190 kcal*
*45 g Kohlenhydrate*
*12 g Fett*
*9 g Eiweiß*

1 Halbieren und pressen Sie die Zitronen. Vermengen Sie den Saft mit dem Wasser.

2 Erhitzen Sie die Milch in einem großen Topf und köcheln Sie sie für 15 Minuten bei geringer Hitze.

3 Rühren Sie jetzt den Zitronensaft nach und nach unter.

4 Sobald die Milch beginnt, zu klumpen, gießen Sie sie durch ein sauberes Baumwollhandtuch.

5 Kneten Sie den abgetropften Quark gründlich mit den Händen durch. Formen Sie daraus kleine Kugeln.

6 Vermengen Sie die Zutaten für den Sirup in einem großen Topf.

7 Lassen Sie die Teigkugeln darin für 1 Stunde bei niedrigster Hitze ziehen.

8 Nehmen Sie die Kugeln vorsichtig aus dem Sirup-Bad und servieren Sie sie warm oder kalt.

SUJI KA HALWA |

# KARDAMOMGRIEẞ

4 Port. 30 Min. Mittel

**Zutaten**

400 ml Milch
125 g Zucker
160 g Grieß
2 TL Kardamompulver
3 EL Rosinen
3 EL Mandeln, gehackt

**Für das Topping:**
2 EL Chiasamen
100 ml Wasser

**Nährwerte p. P.**

*540 kcal*
*64 g Kohlenhydrate*
*33 g Fett*
*9 g Eiweiß*

1 Kochen Sie die Milch mit dem Zucker auf, bis sich der Zucker vollständig aufgelöst hat.

2 Nehmen Sie den Topf von der Herdplatte und rühren Sie den Grieß unter.

3 Schmecken Sie den Grieß mit Kardamom ab.

4 Füllen Sie ihn in 4 kleine Schüsseln.

5 Rühren Sie aus Chiasamen und Wasser ein Topping an und geben Sie es über den Grieß.

6 Garnieren Sie das Dessert jetzt nach Belieben mit Rosinen und Mandeln.

# Getränke

MASALA CHAI |

# GEWÜRZTER TEE

2 Port.

10 Min.

Leicht

**Zutaten**

300 ml Milch
150 ml Wasser
2 Teebeutel Schwarzer Tee
½ TL Chai Masala (indische Gewürzmischung)
4 TL Zucker

**Nährwerte p. P.**

*100 kcal*
*8 g Kohlenhydrate*
*0 g Fett*
*0 g Eiweiß*

1 Bringen Sie Milch und Wasser gemeinsam bei mittlerer Hitze zum Kochen.

2 Fügen Sie Tee und Chai Masala hinzu, sobald die Mischung sprudelnd kocht.

3 Reduzieren Sie die Hitze sofort und erwärmen Sie sie für 1 Minute bei geringer Hitze.

4 Sieben Sie den Tee durch ein feines Sieb und verteilen Sie ihn auf Gläser.

5 Schmecken Sie ihn zum Schluss mit dem Zucker ab.

SAB RAS |

# WÜRZIGER APFELSAFT

10 Port. | 10 Min. | Leicht

**Zutaten**

2 Liter Apfelsaft
2 Zimtstangen
10 Gewürznelken
½ TL Kardamomkapseln
½ TL Koriandersamen
2 EL Honig
1 Zitrone

**Nährwerte p. P.**

*90 kcal*
*14 g Kohlenhydrate*
*0 g Fett*
*0 g Eiweiß*

1 Geben Sie Apfelsaft, Zimtstangen, Gewürznelken, Kardamomkapseln und Koriandersamen in einen großen Topf. Kochen Sie die Mischung kurz kräftig auf.

2 Kochen Sie sie jetzt für 20 Minuten bei schwacher Hitze.

3 Passieren Sie den Saft nach dieser Zeit durch ein Sieb.

4 Schmecken Sie ihn jetzt mit Honig und Zitronensaft ab.

**Tipp:** Dieser indische Apfelsaft kann sowohl warm als auch kalt serviert werden.

CHAAY |

# AYURVEDISCHER TEE

4 Port.

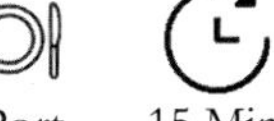
15 Min.

Leicht

**Zutaten**

1 TL Fenchelsamen
5 Kardamomkapseln
2 Zimtstangen
3 Stücke Anis
10 g Ingwer
1 Liter Wasser

**Nährwerte p. P.**

*34 kcal*
*0 g Kohlenhydrate*
*0 g Fett*
*0 g Eiweiß*

1 Geben Sie alle Zutaten in einen großen Topf und kochen Sie den Tee für 15 Minuten bei mittlerer Hitze.

2 Gießen Sie ihn anschließend in einem Sieb ab und servieren Sie ihn warm.

**Tipp:** Dieser Tee wird in Indien traditionell als Vorspeise serviert.

GAJJAR |

# MÖHREN-LASSI

4 Port.

5 Min.

Leicht

**Zutaten**

2 Möhren, gekocht
500 g Joghurt
500 ml Wasser
2 TL Honig
4 Mandeln
4 Cashewkerne

**Nährwerte p. P.**

*220 kcal*
*17 g Kohlenhydrate*
*16 g Fett*
*4 g Eiweiß*

1 Geben Sie alle Zutaten in einen Standmixer und pürieren Sie sie zu einer homogenen Masse.

2 Das Lassi sollte eine Buttermilch-ähnliche Konsistenz haben.

FUDINA |

# MINZ-LASSI

4 Port. 5 Min. Leicht

**Zutaten**

200 g Vollmilchjoghurt
5 Minzblätter
½ TL Kreuzkümmelsamen
¼ TL Salz
300 ml Wasser
1 Prise Zimt

**Nährwerte p. P.**

*140 kcal*
*9 g Kohlenhydrate*
*0 g Fett*
*1 g Eiweiß*

1 Pürieren Sie zunächst den Joghurt mit der Minze und den Kreuzkümmelsamen.

2 Rühren Sie jetzt alle übrigen Zutaten unter.

3 Servieren Sie das Lassi mit einigen frischen Minzblättern und nach Belieben mit Eiswürfeln.

NIMBU PANI |

# LIMETTEN-LIMONADE

4 Port.

5 Min.

Leicht

**Zutaten**

600 ml kaltes Wasser
2 Limetten, ausgepresst
½ TL Salz
Nach Belieben:
Eiswürfel
Limetten

**Nährwerte p. P.**

*140 kcal*
*14 g Kohlenhydrate*
*1 g Fett*
*0 g Eiweiß*

Vermengen Sie alle Zutaten miteinander und servieren Sie die Limonade mit Eiswürfeln und einer Limettenscheibe.

**Tipp:** Dieses Nimbu-Pani-Rezept kann in eine süße Variante umgewandelt werden. Tauschen Sie das Salz dafür einfach gegen 2 bis 3 TL Zucker aus.

JALJIRA |
# TAMARINDESAFT

4 Port. 40 Min. Leicht

**Zutaten**

100 g Tamarinde (Früchte des Tamarindenbaums)
1 - 2 Liter Wasser
1 - 2 TL Salz
1 - 2 TL Chilipulver
2 - 3 TL Zucker
2 TL Kreuzkümmel, gemahlen
3 - 5 TL Minze, frisch

**Nährwerte p. P.**

*240 kcal*
*18 g Kohlenhydrate*
*2 g Fett*
*3 g Eiweiß*

1 Lassen Sie die Tamarinde für 30 Minuten in 600 ml heißem Wasser einweichen.

2 Lösen Sie anschließend das Fruchtfleisch von der Schale und passieren Sie die Mischung durch ein Sieb.

3 Drücken Sie das Fruchtfleisch und den Rückstand am Sieb mit einem Messer oder einem großen Löffel aus, damit der Saft austritt.

4 Vermengen Sie diesen Saft nun mit den übrigen Zutaten.

5 Servieren Sie den Saft kalt.

# Soßen, Crémes & Dips

MAKHANI |

# INDISCHE BASISSOẞE

4 Port. 40 Min. Leicht

**Zutaten**

**Für die Gewürzmischung:**
2 - 3 TL Kokosblütenzucker
1 TL Garam Masala (scharfe Gewürzmischung)
½ TL Korianderpulver
½ TL Kurkumapulver
½ TL Kreuzkümmelpulver
¼ TL Bockshornklee (gemahlene Saat)
1 Prise Cayennepfeffer
⅓ TL Kardamompulver
2 Msp. Nelkenpulver
2 Msp. Zimtpulver

**Außerdem:**
120 g rote Zwiebeln
5 Zehen Knoblauch
1 EL geriebener Ingwer
1 EL Erdnussöl, hitzebeständig
1 Lorbeerblatt
1 EL Tomatenmark
300 ml Wasser
300 g passierte Tomaten
30 g Cashewkerne
100 ml Sojasahne oder Kokosmilch
Kristallsalz und Pfeffer aus der Mühle
2 EL Koriander, gehackt

**Nährwerte p. P.**

*208 kcal*
*18 g Kohlenhydrate*
*13 g Fett*
*4 g Eiweiß*

1 Schälen Sie die Zwiebel und schneiden Sie sie in feine Würfel.

2 Vermengen Sie alle Zutaten für die Gewürzmischung miteinander.

3 Erhitzen Sie das Öl in einer Pfanne.

4 Dünsten Sie Zwiebeln, Knoblauch, Ingwer und das Lorbeerblatt darin für 3 Minuten an.

5 Rühren Sie das Tomatenmark, Wasser, passierte Tomaten, Cashewkerne und die Gewürzmischung unter.

6 Lassen Sie die Mischung 30 Minuten bei geringer Hitze köcheln.

7 Entfernen Sie das Lorbeerblatt.

8 Pürieren Sie die Soße mithilfe eines Stab- oder Standmixers.

9 Lassen Sie alles kurz abkühlen.

10 Rühren Sie zum Schluss nach Belieben Sojasahne, Koriander, Salz und Pfeffer unter.

**Tipp:** Diese Basissoße wird häufig für die Zubereitung von Huhn verwendet. Kann jedoch auch für vegetarische Rezepte mit Gemüse oder Linsen genutzt werden.

HAREE CHATANEE |

# GRÜNES CHUTNEY

4 Port.

5 Min.

Leicht

**Zutaten**

100 g Minzblätter
100 g Korianderblätter
2 grüne Chilischoten
½ Zwiebel
½ TL Kreuzkümmel
½ TL Bockshornklee (gemahlene Saat)
1 Zehe Knoblauch
½ TL Salz
½ TL brauner Rohrzucker
Nach Belieben: Zitronensaft

**Nährwerte p. P.**

*124 kcal*
*11 g Kohlenhydrate*
*8 g Fett*
*1 g Eiweiß*

1 Schälen Sie die Zwiebel und schneiden Sie sie in feine Würfel.

2 Waschen Sie die Chilischoten, entfernen Sie die Stiele und Kerne.

3 Pürieren Sie jetzt alle Zutaten mit einem Mixer, bis eine homogene Masse entsteht.

4 Schmecken Sie das Chutney mit dem Zitronensaft ab.

DAHEE KEE DUBONA |

# JOGHURT-DRESSING

2 Port. 10 Min. Leicht

**Zutaten**

2 EL Naturjoghurt
2 EL Olivenöl
Der Saft einer ½ Zitrone
½ EL Kümmel
½ EL Koriandersamen
1 EL Koriander
Salz, Pfeffer

**Nährwerte p. P.**

*60 kcal*
*8 g Kohlenhydrate*
*7 g Fett*
*4 g Eiweiß*

1 Vermengen Sie alle Zutaten miteinander und schmecken Sie das Dressing nach Belieben kräftig mit Salz, Pfeffer und Zitronensaft ab.

2 Falls das Dressing besonders cremig werden soll, bietet sich der Einsatz eines Mixers an.

**Tipp:** Dieses frische Dressing kann als Dip zu Rohkost gereicht werden oder als Topping auf einem scharfen Fleisch-Gericht dienen.

RAITA |

# JOGHURT-GURKEN-DIP

4 Port. 15 Min. Leicht

**Zutaten**

300 g Naturjoghurt
3 EL Zitronensaft
1 Salatgurke
2 Frühlingszwiebeln
½ Bund Minze
½ Bund Koriander
1 TL Kreuzkümmel, gemahlen
1 TL Senfkörner, gemahlen
1 TL Koriander, gemahlen
Salz, Pfeffer

**Nährwerte p. P.**

*43 kcal*
*3 g Kohlenhydrate*
*3 g Fett*
*3 g Eiweiß*

1 Schlagen Sie den Joghurt mit dem Zitronensaft auf, bis er eine cremige Konsistenz hat.

2 Waschen und halbieren Sie die Gurke der Länge nach. Entfernen Sie das Innere samt Kernen. Reiben Sie die Gurke mit einer Reibe in feine Stücke.

3 Waschen und schneiden Sie die Frühlingszwiebel in feine Ringe.

4 Vermengen Sie jetzt alle Zutaten in einer Schüssel miteinander.

5 Schmecken Sie den Dip nach Belieben ab und lassen Sie ihn bis zum Servieren im Kühlschrank.

TIKKA MASALA |

# PIKANTE TOMATENSOßE

4 Port.

10 Min.

Leicht

**Zutaten**

2 EL Öl
4 Zwiebeln
10 g Ingwer
4 Zehen Knoblauch
4 Chilischoten
800 g stückige Tomaten
2 TL Garam Masala (scharfe Gewürzmischung)
2 TL Kurkuma

**Nach Belieben:**
Salz

**Nährwerte p. P.**

*145 kcal*
*13 g Kohlenhydrate*
*7 g Fett*
*4 g Eiweiß*

1 Schälen Sie Zwiebeln, Knoblauch und Ingwer. Schneiden Sie Zwiebeln, Ingwer, Knoblauch und Chilischoten in feine Stücke.

2 Erhitzen Sie das Öl in einer Pfanne.

3 Dünsten Sie die Zwiebeln darin für 10 Minuten an.

4 Fügen Sie Ingwer, Knoblauch und die Chilischoten hinzu und dünsten Sie alles kurz miteinander an.

5 Löschen Sie jetzt alles mit den Tomaten und den übrigen Gewürzen ab.

6 Köcheln Sie die Soße für 3 Minuten bei geringer Wärmezufuhr.

7 Schmecken Sie sie zum Schluss mit Salz ab.

**Tipp:** Dieses Basis-Rezept kann nach Belieben angepasst werden. Wer es besonders scharf mag, kann dafür bis zu 8 Chilischoten verwenden.

KAREE |

# VIELSEITIGE CURRYSOẞE

6 Port.

60 Min.

Leicht

**Zutaten**

5 EL Öl
5 EL Wasser
3 Zehen Knoblauch
15 g Ingwer
3 Zwiebeln
1 kleine Möhre
200 g Kohl
¼ Paprika
2 Tomaten
1 EL Ghee (indisches Butterschmalz)
½ TL Kurkuma
1 TL Kreuzkümmel
1 TL Korianderpulver
1 TL Bockshornkleesamen, gemahlen
1 TL Paprikapulver, geräuchert

**Nach Belieben:**
Salz
Pfeffer

**Nährwerte p. P.**

*130 kcal*
*11 g Kohlenhydrate*
*2 g Fett*
*1 g Eiweiß*

1 Schälen Sie Ingwer und Knoblauch. Pürieren Sie die Knoblauchzehen und das Ingwerstück mit 5 EL Wasser in einem Mixer zu einer homogenen Masse.

2 Schälen und schneiden Sie die Zwiebel in grobe Stücke. Würfeln Sie Möhre, Kohl, Paprika und Tomate ebenfalls.

3 Erhitzen Sie das Öl in einem Wok oder einem Topf.

4 Dünsten Sie die Zwiebel darin kurz an. Fügen Sie das übrige Gemüse hinzu und braten Sie es für 10 Minuten mit an.

5 Wenn die Mischung eine leicht bräunliche Farbe angenommen hat, geben Sie die Ingwer-Knoblauch-Mischung und alle übrigen Zutaten hinzu.

6 Kochen Sie die Soße noch einmal für 10 bis 15 Minuten bei mittlerer Hitze.

7 Die Soße kann samt Stücken serviert werden. In der Regel wird sie nach dem Kochen jedoch püriert.

**Tipp:** Die Soße ist im Kühlschrank gelagert mindestens 4 Tage haltbar.

KORMA |

# WEIẞE NUSS-ZWIEBEL-SOẞE

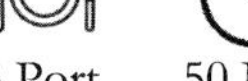

8 Port. 50 Min. Leicht

## Zutaten

**Für die Basis-Soße:**
5 Zwiebeln
150 g Cashews
75 g Melonensamen

**Für das Aroma:**
1 EL Ghee (indisches Butterschmalz)
1 TL Kreuzkümmel
3 grüne Kardamomkapseln
1 braune Kardamomkapsel
4 cm einer Zimtstange
2 indische Lorbeerblätter
3 Gewürznelken
8 schwarze Pfefferkörner
1 Sternanis
1 Stück Macis (Schale einer Muskatnuss)
1 EL Ingwer-Knoblauchpaste
1 grüne Chilischote

**Nach Belieben:**
Zucker
Sahne
Butter
Garam Masala (scharfe Gewürzmischung)
Salz

## Nährwerte p. P.

*340 kcal*
*9 g Kohlenhydrate*
*23 g Fett*
*15 g Eiweiß*

1 Schälen Sie die Zwiebel und zerkleinern Sie sie grob.

2 Geben Sie Zwiebeln, Cashews und Melonensamen in einen kleinen Topf. Bedecken Sie die Zutaten mit Wasser und köcheln Sie sie für etwa 15 Minuten bei mittlerer Hitze.

3 Die Zwiebeln sollten nach dem Kochen weich und glasig sein.

4 Gießen Sie die Mischung durch ein Sieb ab und fangen Sie den Sud auf.

5 Pürieren Sie die Zwiebel-Mischung mit einem Stab- oder Standmixer. Es sollte eine glatte Paste entstehen. Fügen Sie bei Bedarf etwas Sud hinzu.

6 Bereiten Sie jetzt die Soße zu. Erhitzen Sie dafür das Ghee in einem Topf.

7 Rösten Sie die gesamten Zutaten für das Aroma darin für 3 Minuten an.

8 Geben Sie die Zwiebel-Mischung hinzu und rühren Sie sie kurz unter.

9 Füllen Sie die Mischung jetzt mit etwas Zwiebel-Sud auf. Es sollte eine cremige Soße entstehen.

10 Kochen Sie die Mischung für 15 Minuten bei mittlerer Hitze.

11 Passieren Sie die Soße durch ein Sieb und schmecken Sie sie nach Belieben ab.

# Gewürzmischungen

GARAM MASALA |

# SCHARFE GEWÜRZMISCHUNG

Ca. 50 g.

10 Min.

Leicht

**Zutaten**

10 grüne Kardamomkapseln
1 schwarze Kardamomkapsel
1 ½ TL Pfefferkörner
1 Zimtstange
5 Gewürznelken
1 Stück Macis (Schale einer Muskatnuss)
1 TL gemahlener Ingwer

**Nährwerte p. P.**

*11 kcal*
*4 g Kohlenhydrate*
*0 g Fett*
*0 g Eiweiß*

1 Brechen Sie die Kapseln der Kardamomkapseln auf und nehmen Sie die Kerne heraus.

2 Zerkleinern Sie die Zimtstange grob.

3 Mahlen Sie alle Zutaten in einem Mörser oder einer Gewürzmühle fein.

4 Bewahren Sie die Mischung in einem luftdichten Glas auf.

5 Die Mischung ist mindestens 10 Tage haltbar.

**Tipp:** Diese Gewürzmischung wird besonders häufig in der Region rund um die Malabarküste verwendet. Sie findet beispielsweise im Garam-Masala-Curry oder in Linseneintöpfen Verwendung.

SAMBAR |

# LINSEN-WÜRZMISCHUNG

Ca. 80 g.

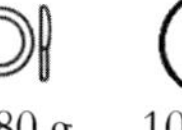
10 Min.

Leicht

**Zutaten**

2 EL rote Chiliflocken
1 TL Pfefferkörner
1 TL Koriandersamen
1 TL Kreuzkümmelsamen
1 TL braune Senfkörner
½ TL Bockshornkleesamen
2 TL Kurkumapulver
½ TL Cassia Zimt
2 TL Öl
2 TL Chana Dal (indische Kichererbsenmischung)
2 TL Toor Dal (Straucherbsen)

**Nährwerte p. P.**

*9 kcal*
*5 g Kohlenhydrate*
*5 g Fett*
*1 g Eiweiß*

1 Rösten Sie Chiliflocken, Pfefferkörner, Koriander-, Kreuzkümmel- und Bockshornkleesamen sowie Senfkörner in einer Pfanne ohne Zugabe von Fett an.

2 Rühren Sie Kurkuma und Zimt unter und lassen Sie die Mischung auf einem Teller abkühlen.

3 Erhitzen Sie das Öl in der Pfanne und rösten Sie Chana Dal und Toor Dal darin bei mittlerer Hitze kurz an.

4 Vermengen Sie alle Zutaten miteinander. Verwenden Sie dafür einen Mörser oder eine Gewürzmühle.

**Tipp:** Die Sambar-Gewürzmischung wird besonders häufig in der südindischen Küche verwendet und bringt einen leicht säuerlichen Geschmack in das Gericht. Platz findet sie in den meisten Linsensuppen und Eintöpfen. Die Mischung ist mindestens 10 Tage haltbar.

NASI DAGANG |

# INDISCHES CURRYPULVER

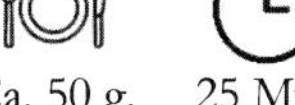

Ca. 50 g. 25 Min. Leicht

**Zutaten**

1 Sternanis
1 EL Pfefferkörner
1 EL Koriandersamen
10 frische Curryblätter
2 TL Kurkumapulver
1 TL Paprikapulver

**Nährwerte p. P.**

*8 kcal*
*4 g Kohlenhydrate*
*0 g Fett*
*0 g Eiweiß*

1 Vermengen Sie alle Zutaten in einem Mörser oder einer Gewürzmühle miteinander.

2 Bewahren Sie das Currypulver in einem luftdichten Gefäß auf.

**Tipp:** Dieses Currypulver wird unter anderem für die Zubereitung des indischen Gerichts Nasi Dagang verwendet. Die Gewürzmischung ist an einem kühlen und trockenen Ort mindestens 1 Woche haltbar.

CHAT MASALA |

# FRUCHTIG-PIKANTE GEWÜRZMISCHUNG

Ca. 60 g.

10 Min.

Leicht

**Zutaten**

1 TL Fenchelsamen
2 TL Kreuzkümmel
⅔ TL Koriandersamen
1 TL Chilipulver
1 TL schwarzer Pfeffer
1 TL Ingwerpulver
1 TL Mangopulver
1 TL Garam Masala (scharfe Gewürzmischung)
1 TL Kala Namak (schwarzes Salz)
2 TL Salz
1 Msp. Asant (Gewürzmischung aus Asafoetida)
1 TL Ajwain (Gewürzmischung mit Königskümmel)
⅔ TL gemahlene Minzblätter

**Nährwerte p. P.**

*11 kcal*
*4 g Kohlenhydrate*
*0 g Fett*
*1 g Eiweiß*

1 Rösten Sie Fenchelsamen, Kreuzkümmel und Koriandersamen in einer Pfanne ohne Zugabe von Fett an, bis die Mischung duftet.

2 Mahlen oder mörsern Sie anschließend alle Zutaten gemeinsam zu einem Gewürzpulver.

**Tipp:** Die Gewürzmischung Chat Masala wird in zahlreichen Fleischgerichten verwendet. Aber auch in Chutneys und Dips findet sie Gebrauch. Sie Mischung ist mindestens 10 Tage haltbar.

MASALA CHAI |

# SCHWARZTEE-WÜRZMISCHUNG

Ca. 50 g.

10 Min.

Leicht

**Zutaten**

1 Zimtstange
¾ EL gemahlener Ingwer
½ TL gemahlener Kardamom
¼ TL gemahlener Muskat
¼ TL gemahlene Nelke
¼ TL Pfeffer

**Nährwerte p. P.**

*12 kcal*
*2 g Kohlenhydrate*
*0 g Fett*
*0 g Eiweiß*

1 Vermengen Sie alle Zutaten miteinander und mörsern oder mahlen Sie sie zu Gewürzpulver.

2 Bewahren Sie das Pulver in einem luftdichten Glas auf.

**Tipp:** Die Mischung ist einen Monat haltbar. Mit ihr lassen sich zahlreiche Soßen wie die Makhani oder Getränke wie der Masala Chai Tee würzen.

VADOUVAN |

# FERMENTIERTE WOK-GEWÜRZMISCHUNG

Ca. 90 g.

10 Min.

Leicht

**Zutaten**

1 EL Zwiebelgranulat
1 EL Knoblauchgranulat
1 EL Senfkörner
2 EL rote Linsen
2 TL Bockshornklee (gemahlene Saat)
1 TL gemahlener Ingwer
1 TL Kreuzkümmel
1 TL Fenchelsaat
20 g Curryblätter
1 TL Sesamsaat
2 TL Kokosflocken
10 g Erdnüsse
1 EL Meersalz

**Nährwerte p. P.**

*12 kcal*
*3 g Kohlenhydrate*
*2 g Fett*
*0 g Eiweiß*

1 Vermengen Sie alle Zutaten miteinander und mahlen oder mörsern Sie alles gründlich.

2 Bewahren Sie die Mischung luftdicht an einem kühlen Ort auf.

**Tipp:** Auch diese Mischung ist mindestens einen Monat haltbar. Sie wird heute nur selten verwendet, ist in der indischen Küche jedoch Tradition. Mit ihr werden Gerichte wie das Vadouvan-Hähnchen oder der Tandooie-Fisch gewürzt.

PANCH PHORON |

# 5-GEWÜRZE-MISCHUNG

Ca. 40 g.

5 Min.

Leicht

**Zutaten**

2 ½ EL Fenchelsamen
2 EL schwarze Senfkörner
1 EL Schwarzkümmel
1 EL Bockshornklee (gemahlene Saat)
1 TL Kreuzkümmel

**Nährwerte p. P.**

*11 kcal*
*1 g Kohlenhydrate*
*0 g Fett*
*0 g Eiweiß*

1 Mörsern Sie alle Zutaten gründlich zu einem feinen Pulver.

2 Vermengen Sie alle gemahlenen Zutaten miteinander und bewahren Sie das Pulver kühl und trocken auf.

**Tipp:** Die Mischung sollte innerhalb von 20 Tagen verbraucht werden. Sie kann in beinahe jedem indischen Gericht, wie beispielsweise Palak Panner oder Kadhai Gosht, verwendet werden.